섬을 품은 바다

김춘자 수필집

교음사

책머리에

　임인년 새해가 밝았습니다. 짙은 나이테를 만들었던 역병도 어느덧 우리 곁에서 멀어지고 있습니다. 제게도 역병만큼 두려웠던 시기가 있었습니다. 처음 회사를 설립할 때였지요. 지나가고 나니 두려움은 성공할 수 있는 디딤돌이었습니다.
　우리는 열정을 가진 문학인입니다. 하얀 백지에 무지개로 작품을 빚어 이 어려운 난국을 겪고 계신 독자님 서재를 찾아 희망을 배달합니다. 역병으로 두렵고 떨렸던 마음을 이제는 편히 내려두시길 바랍니다. 19명의 자손에게 둘러싸인 세화당 할매는 시로 꽃을 피우고 한 편의 수필로 푸른 바다에 그림을 그립니다. 아직은 하고 싶은 일도 많고 성취감을 느끼기도 합니다.
　지금은 20년 동안 운영하던 목욕탕을 리모델링하여 N.88 바리스타 학원과 N.88 카페를 8월 초부터 운영할 예정입니다. 국내 바리스타 자격증 심사와 국제 센서리 심사까지 하는 딸과 함께 운영하는 공간이지요. 공부할 수 있는 스터디카페로 우리 문학인을 위해 조용한 쪽으로 자리 배치도 했답니다. 제가 살아온 맛과 닮은 씁쓸하지만 향긋한 커피로 잃었던 행복을 담아 가시길 바랍니다.

개인적으로 저에게 임인년 새해 기쁜 소식도 있었습니다. 충북문화재단 2022년 문화육성지원사업 문학 개인에 선정되었습니다. 시집 『오월이 오면』, 『금빛 날개』, 『별꽃을 꿈꾸는 여자』와 수필집 『그것은 사랑이었네』, 『집 잘 짓는 여자』에 이어 세 번째 작품입니다. 그간 문학지에 게재된 글, 작년 1월부터 신문사에 보내왔던 칼럼, 신작들까지 산통을 겪고 『섬을 품은 바다』란 이름으로 출간하게 되었습니다. 세화당 할매의 긍정적 에너지가 독자에게 희망 에너지가 되어서 화평하시기 바랍니다.

묵정밭에 쟁기질하고 씨를 뿌릴 수 있도록 응원해 주신 문학회 선후배님과 씨를 세우고 열매 맺을 수 있도록 지도해 주신 충북대학교 평생교육원 수필 창작 김홍은 교수님, 항상 내 편인 남편과 자손들의 응원. 늘 고맙고 또 감사합니다. 서평을 써 주신 오경자 한국수필문학가협회 회장님, 수필문학사 강병욱 발행인님, 편집 교정으로 수고해 주신 류진 편집국장님께 감사드립니다.

2022년 6월 저자 김초자

김춘자 수필집

- 차 례
- 책머리에

1. 유년시절
  난전과 재래시장 … 17
  눈 쌓인 이 밤이 지나면 … 21
  댑싸리에서 배운다 … 24
  연필 … 28

2. 부부의 정
  라면 한 그릇 … 33
  뜸들이기 … 37
  남편 … 41

3. 일상에서

청소하는 여자 … 49

톡 … 52

사랑으로 보듬으며 … 55

길에서 자라나는 행복 줍기 … 58

돌아온 봄빛 … 62

행복한 날 … 67

여름 오이지와 인연 … 70

특별한 선물 … 74

가장 좋은 사랑은 자녀에 대한 사랑이다 … 77

후배의 회갑 … 81

목욕탕에서 … 84

하늘제 … 87

오월이 오기까지 … 90

자루 … 93

잡지와 나의 인연 … 95

열두 폭 치마 … 99

행복은 작은 것에서 … 102

4. 농막에서

내 집의 주인은 누구인가 … 107
박 … 110
담금질 … 113
함께 보는 풍경 … 117
도자기 빚는 마음 … 120
섬을 품은 바다 … 123
휴식 … 127
삼대 나들이 … 131
아름다운 홍천을 꿈꾸다 … 135
달기약수백숙 … 138
비치로드길 여행 … 141

5. 내 고장

용화사 석불의 유래 … 147
상당산성에서 역사와 자연을 배우다 … 151
흥덕사지와 금속활자의 만남 … 155
청주의 자랑 무심천 … 159

6. 사유와 고찰

화합의 해 … 165
길 … 168
아름다운 어느 봄날 … 172
인과 … 175
나는 노인인가 어른인가? … 179
나이도 생각도 다른 친구 … 182
가뭄과 홍수 … 185

7. 만년

가묘 … 191
나무 닮은 우리 부부 … 195
벌초 … 198
위패 … 202

| 김춘자의 수필세계 | 오경자 … 206

| 악보 | 어화둥둥 내 사랑아 … 219

1

유년시절

가끔 연필로 글씨를 쓸 때가 있다. 잘못 쓰인 글을 지우개로 지우고 다시 쓸 때는 묘한 매력이 있다. 지우개로 지우고 나면 다시 하얀 백지가 되고 내 마음속 때를 씻어낸 것처럼 기분이 좋아진다.

난전과 재래시장

 그날은 5일마다 돌아오는 장날이어서 어머니는 할머니를 모시고 장 나들이에 가셨다.
 찰각찰각 굵고 투박한 가위소리가 들려왔다. 엿장수가 지나가는 소리였다. 집 안 구석구석 빈 병이나 낡은 냄비를 찾아보아도 눈에 띄지 않는다. 우물가에 놓여있는 놋쇠 대야가 보였다. 나는 엿장수가 가기 전에 무거운 대야를 가지고 가 엿판에 있는 엿 전부와 바꿔 동네 아이들을 모두 모아 엿판을 벌였다.
 점심때가 지나 시장에서 돌아오신 할머니와 어머니는 마당에 널린 엿을 보고 놀라셨다. 자초지종을 들은 어머니는 나를 앞장세워 엿장수를 찾아 길을 나섰다.
 재래시장 안은 사람들로 북새통을 이루고 있었다. 멍석을 흙바닥에 깔고 색색의 옷감을 팔기도 했고 기성복도 팔았다. 어리 속에는 어미 닭이 품고 있는 노란 병아리를 팔러 온 아주머니도 계셨다.

사람들이 북적거리는 모습은 역동감이 넘쳤다. '뻥이요!' 고함과 동시에 구수한 냄새가 시장 안을 휩쓸고 지나갔다. 면사무소 옆에는 냄비를 때우는 이도 있었고 고무신을 붙이는 사람도 있었다. 놀라운 풍경에 이곳저곳 기웃거리며 구경하는데 정신이 팔렸다.

그러다 문득 시장에서 친구 엄마를 만났다.

"여기서 뭐하고 있니? 엄마가 아래 장터에서 너를 찾아 이곳저곳을 헤매고 다니신다."

나는 그제야 어머니를 잃어버린 것을 알고 장바닥에 주저앉아 울음을 터트렸다. 아주머니는 나의 손을 잡고 어머니를 찾아 돌아다녔다. 장이 파하고 사람들이 거의 빠져나가 한산해진 다음에야 어머니를 가까스로 찾을 수 있었다. 어머니 옷은 땀으로 범벅이 되어 동네 마님 몰골이 말이 아니었다. 내 손을 잡는 어머니 손이 파르르 떨렸다. 집에 돌아와 싸릿가지로 종아리를 맞았고, 그날의 시장 풍경은 지금도 그리움으로 머물러 있다.

청장년기에 시간은 금과 같다. 시간에 쫓기며 일하다 보니 느긋하게 시장을 볼 시간적 여유가 없었다. 백화점 식품부나 농협마트, 다농, 이마트에 가서 필요한 식자재를 한곳에서 구매했다. 시간 절약은 물론 신선해서 식감도 좋았다.

할머니가 되면서 하던 일을 내려놓고 아침잠이 적어지고부터는 재래시장으로 가게 되었다. 이제 보니 때깔 좋은 하우스 채소보다는 노지 채소가 정감이 있었다.

시장 가까이 버스 정류장에서 기다리면 머리에 이고 지고 내리는 촌노들이 하나둘 길옆에 난전을 편다. 새벽의 바람은 차다. 제일 연장자처럼 보이는 촌노에게서 가져온 푸성귀와 봄나물을 모두 샀다. 고맙다며 내 손을 잡는 촌노의 손등은 거북등처럼 갈라지고 엉겅퀴처럼 까슬까슬하다. 얼른 집으로 가셔서 따뜻한 아랫목에 몸을 녹이셨으면 하는 마음이 들었다. 나물 보퉁이를 들고 싱글벙글하는 내 모습이 이상해 보였는지 사람들이 힐끗힐끗 쳐다본다.

시장 안은 음산할 만큼 한적하다. 생선, 채소, 옷가지에도 호패처럼 가격표가 붙어 있다. 흥정 없이 필요한 물건을 돈을 내고 사가라는 뜻으로 보인다. 매일 전쟁터 같던 시장 안은 폭탄 맞은 거리처럼 스산하니 냉기가 돌았다.

구면인 옷집 사장님이 차 한잔하자며 불러들였다. 역병으로 장사를 접어야 하나 생각이 많단다. 세금도 내야 하고 월세도 밀리니 한 달 한 달이 고역스럽다고 했다. 난전에서 장사하는 촌노들 때문에 장사가 더 어렵다고 볼멘소리다. 옷 장사와는 상관이 없지 않냐고 했더니 아니란다. 채소나 과일을 사러 들렀다가 옷도 사서 가는데, 신선하고 싼 맛에 난전에서 사고 바로 돌아간다고 했다. 공감은 하면서도 어느 편을 들어 이야기할 상황이 아니다. 모두가 어려운 시기를 견디고 있기 때문이다.

　시장 안은 흥청거리는 맛이 있어야 하고 갈지자로 걷는 노장도 있어야 제맛이다. '뻥이요!' 하고 뻥튀기 터지는 기계음도 들리고 엿장수의 묵직한 가위소리도 있어야 한다. 몇 년 만에 시장에서 만난 친구와는 안부도 묻고 회포도 풀고 뜨끈한 곰탕 한 그릇 먹으며 세상 돌아가는 이야기도 있어야 제맛이지 싶다.

　5일장마다 생선 한 코 손에 들고 휘이휘이 내젓는 팔자걸음에 생선 비린내를 묻혀오던 할아버지의 명주 두루마기를 끌끌 혀를 차며 손질하시던 나의 할머니 모습이 재래시장에서 갸웃 고개를 내민다.

눈 쌓인 이 밤이 지나면

　진심이라는 꽃말이 좋은 하얀 수국을 닮은 함박눈이 내렸다. 내일부터 꽃길만 걸으려나 혼자 중얼거렸다. 상무님의 소개로 한 남자를 만나 일 년여간 편지로 마음을 주고받았다. 진실한 마음과 믿음을 보고 결혼을 승낙했다.

　인수인계를 하고 눈이 소복이 쌓인 길 위에 수많은 이야기가 있는 발자국을 찍으며 퇴근하는 길이었다. 하늘에는 별이 수를 놓고 달은 청사초롱을 내려 길을 비추었다. 눈 위로 별빛이 반사되어 다이아몬드를 뿌려놓은 듯 아름답다. 멀어져가는 사무실을 되돌아보았다. 아쉬움이 발걸음을 붙잡는다.
　근무하는 동안 월급은 송아지가 되고 송아지는 암소가 되어 집집마다 소가 있는 마을로 만들어 놓았다. 한 발 앞서간다 하여 별아씨라 불러주셨던 동네분들이 함께 걷는 듯 든든했다.

대문을 들어서자 기름 냄새가 오감을 자극했다. 예식장에 참석하기 힘든 어르신들을 위해 동네잔치를 한 번 더 하기 위한 음식 장만이었다. 샤워를 하고 방에 들어갔지만 잠이 오지 않는다. 별은 치마폭으로 숨어들고 희뿌연 하늘에서 함박눈이 다시 내린다. 깊숙이 숨어 있던 그리움이 꿈틀대며 올라온다.

쥐 죽은 듯 고요한 밤, 할아버지 할머니께서는 밤과 은행을 화롯불에 구워 주셨다. 껍질을 벗은 노란 속살은 군침을 흘리게 했다. 할머니가 자리를 비운 사이 밤과 은행 몇 알을 불에 묻었다. 펑 소리와 동시에 천장으로 튀어 올랐다. 문 안으로 들어오시던 할머니는 주춤하셨고 나는 할머니 치마폭 뒤에 숨었다. 할머니는 자리에 앉으시며 밤이나 은행을 구울 때는 숨구멍을 내어준 다음에 구워야 한다고 말씀하셨다. 숨구멍 없이 불에 넣으면 밤이나 은행 속에 있던 수분이 팽창하면서 터지고 튀어올라 사람이 다칠 수도 있다고 말씀하셨다.

늦게 퇴근하는 날에는 기다리셨다가 이불 속에 묻어둔 합을 상 위에 올리고 화롯불에 된장찌개나 김치찌개를 보글보글 끓여 주셨다. 어머니는 잔정이 없으셨고 이성적인 반면 할머니 사랑은 무한하셨다.

대청마루에 나와 보니 일손을 도와주셨던 분들은 집으로 돌아가고 남폿불이 혼자 졸고 있다. 장독대에 가지런히 놓인 단지들은 흰 눈으로 옷을 입고 서 있었다. 눈이 소복이 쌓인 새벽에는 눈사람도 만들고 눈싸움도 하다가 시간에 쫓겨 아침을 거른 채 등교하기도 했다. 머슴이 눈을 쓸어내기 전 우리 형제들은 눈을 굴려 할아버지 할머니 아버지 어머니 눈사람을 만들어 치장하였다.

할아버지 눈사람은 갓을 씌우고 솔잎으로 눈썹과 수염을 꼽고 숯으로 눈과 코 입을 박았다. 할머니 눈사람은 솔을 둘러 세화당 마나님의 위풍을 담았었다. 아버지 눈사람을 만들기가 제일 어려웠다. 나무 토막 두 개에 새끼줄을 감아 눈에 굴려 바지를 만들고 몸통을 올린 다음 망토를 걸쳐주었다. 흐뭇한 미소로 바라보셨던 아버지의 모습이 아직도 생생하다. 엄마 눈사람에게는 눈을 주먹만큼 뭉쳐 파마머리처럼 올려놓았다.

일찍 일어난 머슴은 마당에 눈이 없으니 입이 헤벌쭉 벌어지고 부모님께서는 우리 형제들이 감기 들까 걱정을 하셨다. 이 밤이 지나면 새색시가 될 처녀가 추억 보따리를 꺼내 담고 있었다. 풀어놓은 실타래로 수를 놓다 일어나니 얼굴이 탱탱 부어올랐다. 천사들이 밤사이 백설기 시루를 두고 갔다. 행랑채 처마 밑에는 수정 고드름이 음률 소리를 내었다. 눈꽃이 바람에 나비가 되어 날아다닌다. 추억 속에 머물렀던 눈꽃이 화동이 되어 새로운 보금자리로 가는 길목에 꽃가루를 뿌려 주었다.

댑싸리에서 배운다

 마당에 있는 들마루에 누워서 하늘의 별을 헤아리고, 달빛이 좋아 마음에 수를 놓는다. 보름달이 댑싸리를 닮았는지 댑싸리가 보름달을 닮았는지 달과 댑싸리에서 풍기는 부드러움은 마음마저 둥글린다.
 담장 아래 심어진 댑싸리는 푸짐한 아낙처럼 순하게 몸을 불렸다. 바람이 불면 잔잔한 잎들이 춤을 추었다. 7~8월이 되면 대추꽃처럼 조롱조롱 연초록의 작은 꽃을 매달아 피웠다. 연한 새순은 데쳐서 반찬으로 먹기도 하였는데 맛이 순하고 담백하여 밥반찬으로 그만이었다.
 가을이 되면 잎도 줄기도 가을을 닮아갔다. 댑싸리는 덩굴류를 엉기게 하는 재주가 있어 꽃꽂이할 때 소품으로 이용하기도 한다. 가을에 거두어들인 댑싸리는 포개서 묵직하게 눌렀다가 모양이 잡히면 마당을 청소하는 빗자루가 되었다.

댑싸리로 만든 빗자루가 쓸고 지나간 자리는 분단장한 아낙처럼 고왔다. 집마다 마당을 깨끗하게 청소하다 닳고 닳아서 몽당빗자루가 되면 아궁이 속에서 하얀 재로 산화된 후 작물의 영양분으로 묻혔다.

씨앗은 잘 손질하여 바람이 잘 통하는 곳에 담아 두었다가 파종을 하기도 하고 약으로 쓰기도 했다. 이뇨 작용이 뛰어나고 강장제로도 뛰어나서 사람에게 이로움을 주는 식물이다. 댑싸리는 완벽히 한 생을 사람에게 도움으로 남는다.

결혼하고 시댁에서 16일을 함께 생활하던 큰형님은 방광염으로 고생하고 계셨다. 병원에 다녀도 별 차도가 없자 한학자인 조부님이 형님께 댑싸리 씨앗을 볶아 차처럼 우려먹으라고 하셨다. 형님은 서서히 부기가 빠지며 증상이 호전되었다. 간을 세게 하여 식사를 하셨는데 아마도 식습관에서 병이 온 듯하였다.

담 하나를 사이에 두고 동갑내기 친구인 영순이가 살고 있었다. 가끔 구운 감자나 옥수수를 들고 우리집에 심부름을 왔었다. 그럴 때면 영순이와 둘이 남폿불을 사이에 두고 동화책을 읽었다.

어느 날 죽마고우였던 영순이가 편지 한 장만 남겨 두고 부산으로 돈을 벌러 떠나버렸다. 친구의 빈 자리가 너무 크게 느껴졌다. 한동안 삐거덕 대문을 열고 영순이가 옥수수를 들고 들어오는 듯하였다. 영순이는 초등학교를 졸업하고 가난한 집안을 돕겠다고 타지에서 얼마나 고생을 많이 하고 있을까 생각하면 마음이 아팠다. 강산이 두 번 바뀌고 옛 모습 그대로인 영순이가 병색이 짙은 모습으로 시골집으로 돌아왔다.

가난하게 사는 부모님을 돕겠다는 마음으로 떠난 도시 생활은 만만치 않았다고 했다. 버스회사에 버스 안내원으로서 겪어야 했던 이야기를 쏟아냈다. 만차인 버스에서 앞뒤로 옮겨 다니며 요금을 받는 것도 힘이 들었고, 버스 운전기사는 한 명이라도 더 태우려고 갑자기 브레이크를 밟아 공간을 넓힌 다음 손님을 짐짝처럼 태워야 해서 무수한 발에 밟히기도 했다고 했다. 돈을 뜯어 기사님에게 상납하는 것도 고역이었고 버스회사에서 몸을 수색당할 때는 죽고 싶었다고 했다. 가장 힘든 이야기를 할 때는 눈물을 글썽거리기도 했다. 화장실에 갈 시간조차 없는 빡빡한 운행시간에 방광염이 생겨 병이 몸속에 뿌리내리고 나서야 쉬러 올 수 있었다고 했다.

댑싸리 씨앗을 나눠주며 병원에 다니면서 병행해서 마셔보라고 했다. 며칠 달여 먹으면서 몸을 쉬어주니 얼굴 혈색이 돌아오고 소변도 제대로 본다고 고마워했다. 낮에는 내가 출근을 하니 밤마다 찾아와 20년 흘러간 세월의 한을 풀었다. 유년의 친구가 좋다고 했다. 치부를 다 드러내도 부끄럽지 않고 공감해 줄 것이라는 믿음이 있다고 했다.

영순이는 병이 낫자 다시 부산으로 내려갔다. 아주머니에게

들은 소식으로는 차장으로 받은 월급으로 남동생 고등학교를 졸업시켰다고 했다. 부모를 잘못 만나 자신의 딸이 고생한 생각을 하면 가슴이 저민다고 했다. 지금은 남매를 낳고 기르며 잘살고 있다고 했다.

  친구로는 재주 있는 사람보다는 정직한 사람을, 마음씨 착하고 관대하고 바로 내 편이 되어 찬성해주는 사람이 진정한 친구이지 않을까. 댑싸리같이 사람에게 이로움을 주는 수더분한 유년 시절 친구 영순이가 그립다. 나도 이젠 추억이 그리운 나이가 되었나 보다.

연필

연필심이 닳아 면도칼로 연필심이 나오도록 깎다가 잘못하여 칼에 검지를 벤 적이 있었다. 빨간 아까징끼(머큐롬)로 소독하고 거즈로 감싸고 반창고를 붙였지만, 피가 밖으로 새어 나왔다. 어머니는 동여맨 손가락의 거즈를 풀어보시고는 어쩔 줄 몰라 하셨다. 손을 벤 후로는 어머니께서 다섯 자루씩 깎아 필통에 넣어주셨다. 예쁘게 깎은 연필들을 친구들은 부러워했다.

귀한 색연필 한 자루를 준 남학생은 내게 색연필을 깎아 달라고 부탁을 하기도 했다. 예쁘게 깎은 연필이 부러웠나 보다. 집에서 어머니가 깎아 준다고 하니 부러운 듯 쳐다봤다. 손을 벤 후로 어머니가… 말을 흐렸다. 부끄러운 마음에 용기를 내어 면도칼을 색연필에 대는 순간 가슴이 떨렸다. 조심하면서 색연필을 깎기 시작했다. 붉은색 심이 나온다. 부러지지 않게 살살 돌리면서 뾰족하게 심을 깎아 주었더니 고마워했다.

 지금은 필기구가 용도에 따라 골라 쓸 수 있도록 이름도 생소한 제품들이 많이 나와 있지만, 50년대에는 붓, 만년필 아니면 연필뿐이니 거의가 연필을 썼다. 작아진 연필은 면도칼로 깎아 붓 뚜껑에 끼워 쓰기도 했다. 양철로 만든 필통 속에서 달그락 달그락 합창을 하면 뛰어가던 등굣길에 잠시 숨을 고르기도 했다. 혹시 부러질지도 모르는 연필심 때문에 천천히 걸어 등교하던 때가 엊그제 같다. 질이 나빠 심이 잘 부러지던 그 시절, 친구들은 연필을 빌려 쓰기도 했다.

 잘 사는 집 아이들 소수만 미제 연필깎이가 있었다. 손으로 깎은 연필은 일정하지는 않았지만, 연필심이 굵어 잘 부러지지 않았다. 기계에 깎은 연필심은 가느다래서 잘 부러지는 단점은 있어도 깎인 모양이 꽃처럼 예뻤다. 연필심을 싸고 있는 나무가 단단하면 깎기가 쉽지 않았고 깎아도 모양이 예쁘지 않았다.

 지금도 가끔 연필로 글씨를 쓸 때가 있다. 잘못 쓰인 글을 지우개로 지우고 다시 쓸 때는 묘한 매력이 있다. 지우개로 지우고 나면 다시 하얀 백지가 되고 내 마음속 때를 씻어낸 것처럼 기분이 좋아진다.

 이사 가는 딸아이가 선물이라며 연필깎이를 가져왔다. 유년 시절이 떠오른다. 연필을 깎아 필통에 넣어주셨던 어머니의 자애로운 모습이 떠오른다. 손주들이 오면 어머니 내게 하셨듯이 손주들에게 연필을 깎아줘야지. 벌써부터 아이들이 설렘으로 기다려진다.

선물로 주고 간 연필깎이에 연필을 넣어 도르르도르르 심이 드러나게 깎았다. 심을 둘러싼 나무가 깎여서 꽃잎처럼 떨어진다. 내 딸 가족이 이사 가는 모습이 떨어져 나가 꽃잎이 된 연필처럼 많은 생각을 하게 한다. 가슴에 휑한 바람이 인다. 유년 시절 연필을 깎다가 베인 상처가 훈장처럼 남은 검지를 들여다본다.

2

부부의 정

깨를 볶는 고소한 냄새가 담장 안에서 춤을 추다가, 담장 밖으로 놀러 갈 때쯤, 몸에 밴 습관이 튀어나왔다. 환경과 풍습이 다른 부모 밑에서 자란 우리는 서로 다른 모습에서 이해가 되지 않는 부분이 보이기 시작했다. 내 눈에 들보가 있는 것은 모르고 남편 눈에 있는 티끌만 보고 불평을 했다. 묵묵히 있던 남편은 어느 날, 서로에게 있는 단점은 고쳐나가고 장점만 보도록 노력하자고 했다.

라면 한 그릇

　모임이 있던 날, 퇴직한 남편을 둔 친구는 남편이 한 달이 지나도록 말 한마디 없이 방에만 있어서 불안하다고 했다. 퇴직 후 지인과 밭으로 가는 남편을 바라보며 '인생의 제2막을 여는구나.'라고만 생각했었다. 마음을 잡기 위한 몸부림이라는 생각을 하지 못했다. 내가 남편에게 너무 무심했나 싶어 남편을 살피기 시작했다. 남편은 오전에 밭으로 갔다가 오후엔 목욕탕을 가고 쉬는 시간을 두지 않았다. 병이 날까 걱정되어 쉬라고 해도 괜찮다고 했다.
　남편은 고구마, 참깨, 배추, 무를 열심히 가꾸고 수확해서 내가 하는 대로 보고만 있다. 한번은 고구마 줄기 만 포기를 심어 가뭄에 반은 죽고 5천 포기는 살아남아 고구마 400박스를 수확했었다. 지인들에게 나눠주는 것도 쉬운 일이 아니었다. 박스 구입비 등 별도로 드는 비용도 만만치 않았다.

옛말에 재주는 곰이 넘고 돈은 되놈이 챙긴다고, 남편이 수확한 농작물을 땀도 보태지 않고 나눠주기 바빴다. 내가 하던 일을 접고 밭에 따라가서 남편이 하는 일을 보고서야 눈물이 핑 돌았다. 남편의 얼굴에 구슬 같은 굵은 땀방울이 뚝뚝 떨어졌다. 그렇게 힘들게 농사지은 것을 판매는 하지 않고 지인들에게 나눠주었으니 철이 한참 없었다.

어느 날부터인가 남편은 가끔 어깨가 아프다는 말을 했다. 아이도 아닌데 혼자 병원에 다녀오라고 해도 가지 않았다. 나중에 생각하니 서운할 수도 있었겠다. 목욕탕을 마감하고 집에 온 남편이 어깨통증을 호소했다. 다음 날 병원에 함께 가기로 했다.

의사는 어깨 횡격막 끈이 끊어져 유착되었다고 했다. 수술하는 날, 전신마취 후 3시간에 걸친 시술을 했다. 3시간 동안 모든 장기의 활동을 멈추게 하였으니 몸이 회복되기까지는 얼마나 걸릴지 가늠이 되지 않았다. 화장실 가는 것도 힘들어했다. 장기가 깨어나는 데 시간이 필요하다고 하니 당신이 의사냐며 남편이 성을 냈다. 나는 경험으로 하는 말이라고 했다. 회진을 오신 의사 선생님 앞에서 내가 아는 대로 설명을 하니 맞는다고 한다.

남편은 일주일을 입원하고 무사히 퇴원할 수 있었다. 집에 온 날 남편이 수고했다며 라면을 끓여준다고 했다. 반갑지 않앉다.

　밀가루 음식은 건설업을 할 때 신물이 나게 먹었다. 가족들 아침 식사 준비와 남편 출근 준비를 해 두고는 아침밥도 거른 채 현장에 갔다. 현장 점검을 하다가 새참 시간이 되면 국수 한 그릇으로 한 끼를 해결했다. 오전 새참, 오후 새참으로 현장에서 국수를 먹던 시절이었으니 두 끼 국수가 하루를 살게 해 주는 에너지원이었다. 10년 세월을 국수로 때우니 위가 골을 부린다. 밀가루로 만든 음식만 먹으면 거부하기 시작했다. 위경련 때문에 병원도 수없이 들락거렸다. 아이들이 크고 좀 시간이 여유로워지면서 새참 국수를 끊고 밥을 먹기 시작하여 위를 다스려놓았다.

　마누라 위가 밀가루 음식을 거부하는 것을 잊었나 싶어 잠시 서운한 생각이 들었다. 아픈 어깨로 할 수 있는 것이 라면 끓이는 것밖에 없으니 라면 끓여준다는 남편 마음을 받아 기쁜 척했다.

　'어깨가 아픈데 어떻게 하려고?' 했더니 조수를 하란다. 남편은 냄비에 물을 담아 달라고 했다. 라면 봉지를 가위로 자르고 끓는 물에 라면을 넣으며 스프는 당신이 잘라서 넣고, 파도 썰어줘, 호박도 썰어줘, 하더니 한 손으로 냄비에 넣는다. 3분이 지나 다 됐다며 식탁으로 라면을 옮겼다. 병원에서 자기 보호자로 있어 줘서 고마워 대접하는 거란다.

언제였던가, 여행을 갔다가 집에 늦게 도착한 날 남편이 밥을 해 놓고 기다리고 있어 고마웠던 기억이 있는데 오늘 남편이 만들어준 라면은 미안한 마음이 든다. 퇴직한 남편을 너무 혹사시켜 병이 난 것은 아닐까, 하는 생각도 든다. 위가 약한 나는 가루음식을 잘 먹지 못한다. 하지만 오늘 라면은 남편의 사랑과 정성이 담겨 있으니 잠시 위의 고통이 있어도 맛나게 먹었다. 보글보글 어우러져 끓는 라면처럼 남은 시간 서로 보듬으며 살아야겠다.

뜸들이기

우리는 시댁에서 신접살림을 시작했다. 아궁이에 불을 때서 밥을 해 먹던 시절이었다. 어머님은 아궁이 옆에도 서지 못하게 하셨다. 혹시 며느리 치맛자락에 불이라도 붙을까 걱정이 되셨던 것 같다. 나는 이방인처럼 우두커니 서 있었다. 밥상은 형님이 신혼 방까지 가져다주셨고, 설거지라도 하려고 하면 그릇이 부딪쳐 이 빠진다고 손도 못 대게 하셨다.

시댁에서 16일 동안 함께 살고 분가하는 날이다. 이삿짐을 차에 싣고 인사를 드린 후 차에 올라타려는 순간 어머님이 밥도 할 줄 모르는 며느리에게 아들을 맡기는 것이 걱정되신 듯 마당에 털퍼덕 주저앉으셨다. 그리고는 땅바닥을 두드리시며 "우리 아들 밥이나 먹고 출근하려나." 하시며 눈물을 흘리셨다. "걱정하지 마세요. 따뜻한 밥 해 줄게요." 하고는 트럭 두 대에 신혼살림을 싣고 출발했다.

　시내로 이사와 이삿짐을 내린 다음 점심은 짜장면을 배달시켜 먹었다. 저녁에는 쌀을 양은솥에 넣고 후지카 풍로에 올렸다. 보글보글 끓는 소리가 정답게 들렸다.

　"밥하는 게 별건가, 쌀이 익으면 먹으면 되지. 어머님은 별걱정을 다하신다."라고 혼자 종알거렸다. 이제 밥이 다 되었겠지, 싶어서 뚜껑을 열어보니 죽이 되어 있었다. 남편은 처음 해 본 것 치고는 잘했다고 칭찬하였다. 다음부터는 물 조절을 잘하면 된다고 위로했다.

　우리는 설익어 설겅거리는 죽을 말 없이 먹었다. 남편이 불평도 없이 먹고 있으니, 나는 미안하기도 하고 부끄럽기도 하여 죽밥이 목에 넘어가지 않았다. 잠자리에 들었는데 체했는지 배 속에서 꾸르륵 요동을 쳤다.

　다음 날 아침에 일어나니 남편이 밥상을 들고 들어온다. 고슬고슬하게 잘 지어져 있었다. 출근하는 남편을 배웅하고 설거지를 했다. 씻은 그릇을 마른 행주질 하며 찬장 속에 정리하다 보니 노트가 보였다. '이게 뭐지?' 하고 들춰 보았다. 남편이 노트에 점심을 거르지 말라는 메모와 함께 밥물 붓는 양과 불 조절 하는 법을 상세히 적어둔 것이었다.

　커피 한 잔을 마시고 밥 짓는 연습을 했다. 진밥을 짓기도 하고 태우기도 하면서 불 조절을 하다 보니 마침내 고슬고슬한 맛있는 밥을 하게 되었다.

깨를 볶는 고소한 냄새가 담장 안에서 춤을 추다가, 담장 밖으로 놀러 갈 때쯤, 몸에 밴 습관이 튀어나왔다. 환경과 풍습이 다른 부모 밑에서 자란 우리는 서로 다른 모습에서 이해가 되지 않는 부분이 보이기 시작했다. 내 눈에 들보가 있는 것은 모르고 남편 눈에 있는 티끌만 보고 불평을 했다. 묵묵히 있던 남편은 어느 날, 서로에게 있는 단점은 고쳐나가고 장점만 보도록 노력하자고 했다.

나는 살면서 난관이 있을 때마다 남편이 신혼 때 했던 말을 떠올린다. 스스로 성찰하고 반성하는 시간을 가졌다. 나는 이성적이기보다 감성적인 사람이다. 판단할 일이 있으면 즉석에서 한다. 늘 설익은 밥이다. 그런 내가 남편과 반세기 가까이 살면서 뜸 들이는 법을 익혀 가다 보니, 뜸이 들기 시작했다. 이제는 죽을 먹는 날은 서로를 바라보며 웃는다. 마당 바닥을 치시며 당신 아들 밥을 굶기실까 봐 속울음을 우셨던 어머님 마음을 이제는 알 것 같다.

얼마 전 며느리를 봤다. 어머님은 내게 오직 당신 아들에게 밥 잘해주는 것만 바라셨는데, 나는 내 며느리에게 더 많은 것을 바라고 있다.

"며느리야, 늘 외롭게 성장한 아들에게 서로의 온기로 마음을 가득 채우며 살기를 바란다. 일하느라 바빠 내 손으로 더운밥도 제대로 먹여본 적 없는 아들에게 미안한 마음을 얹어 아가에게 보내 미안하구나. 나와 함께 한 시간보다 너와 살아갈 시간이 많으니 너희 둘이 서로에게 따뜻한 밥을 해서 섬기는 마음으로 대접하면 좋겠다."

쌀은 신혼이고, 물은 일상이고, 보글보글은 오손도손이고, 뜸은 평화란다.

너희의 시작은 옥토에 떨어진 씨앗이고, 물은 넉넉하고 햇볕도 충분하니, 수확하는 시기를 뜸 들이는 과정이라고 생각하며 세상에서 가장 행복한 사랑이란 밭을 가꾸어 나가길 바라본다.

남편

　다섯 남매는 가끔 아빠와 엄마로 편 가르기를 할 때가 있다. 아빠는 안정적이고 규칙적인 일상 속에서 엄마보다는 상대적으로 삶의 여유가 있다고 생각하는 반면, 엄마는 사업 일선에서 힘든 일을 해내며 살았다고 엄마를 높여 줄 때가 있다. 아이들은 아빠가 가장으로서 식구를 어깨에 얹고 묵묵히 울타리가 되었다는 것을 잘 모르는 때가 있는 듯하다.

　남편은 직장 상사로서 윗사람 노릇하기가 힘들었을 것이다. 자녀들 양육과 공부시키는 일에 삶을 다 바쳤던 남편, 가족이 따뜻한 밥을 먹는 것에 흐뭇해하고, 아내가 단장하고 외출하는 것에 기뻐하며 힘든 직장생활을 잘 버텨냈다. 결혼하고 월급날이면 월급 봉투를 갖다 주며 흡족한 미소를 보이고, 어느 날부터 통장으로 입금되면서 용돈마저 가져가는 것을 미안해하는 남편은 정말 귀한 존재 그 자체였다.

퇴직하고 남편은 조금씩 변해갔다. 한 번도 주방에 들어와 본 적이 없었는데 아내가 어깨 시술을 받고 고생했다며 주방 일을 거들 때도 생겼다. 생각해보면 남편이 가엾어 보이기도 했다. 당신을 위해선 돈도 시간도 쓴 적이 없이 오로지 가족만을 위한 삶을 살았다. 나처럼 가끔 외출을 하는 것도 아니고, 퇴직 후에도 근검절약하면서 남편 은퇴 전 미리 마련해 둔 사업장에만 갔다.

딸들은 아빠가 퇴직한 후 엄마가 힘들까 봐 걱정을 한다. 남편에게 여행도 다녀오고 저희네 집에도 다녀가시라고 하지만, 남편은 집에 있을 때가 편안하다며 한사코 거절을 한다.

그러나 아들만은 예외였다. 언제나 아빠 편에서 아빠는 평생을 가족을 위해 희생했다며 엄마도 함께 고생하셨지만, 아빠와 엄마는 다르다고 한다. 아빠는 정도만 걸으셨고, 엄마는 뜻 가는 대로 쉬기도 하고 쓰고 싶은 곳에 쓰면서 살았다고 한다. 딸들은 애틋한 정이 있고 아들은 과묵하지만, 아빠가 외롭지 않게 마음을 쓴다.

시대의 흐름이지만 퇴직한 남편들이 갈 곳이 없다고들 한다. 나도 가능하면 많은 시간을 남편과 함께 하려고 노력한다.

오늘은 찰나의 행복, 찰나의 지옥이 함께 있는 날이었다. 수필반 수업을 마치고 지인들과 함께 차를 마시며 느긋한 시간을 보낸 뒤 운영하고 있는 목욕탕에 들렀다. 남편이 오늘 수입을 정리하고 나는 그런 남편을 바라보고 있었는데, 남편 모습이 수척해 보여 안타까운 순간, 남편의 손이 옆으로 떨어지며 경직되었다.

순간 내게서 "아!" 하고 외마디 비명이 흘러나왔다. 남편 입이 오른쪽 귀로 올라붙고 눈동자가 풀려 있었다. 목욕하던 손님이 뛰어나와 119를 불렀지만 119는 계속 통화 중이라 나는 얼굴을 옆으로 돌려 이물질이 호흡기를 막지 않도록 응급조치를 하고 급소인 인중을 깨물었다.

나는 남편의 뺨을 때리며 남편을 깨우려 애썼지만, 미동도 없었다. 잠시 후 남편은 눈꺼풀을 힘겹게 들어 올렸다. 긴박한 순간이었다. 서울 아이들에게 연락을 하고 뒤늦게 도착한 119에 착잡한 심정으로 합승했다. 제발 살아주기를 간절한 마음으로 기도했다.

5분 거리가 천릿길처럼 멀리 느껴질 때 응급실에 도착했다. CT를 찍고 다시 MRI를 찍으려는데 응급환자가 밀려드니 뒤로 밀려서 네 시간 후에나 찍어야 했다. 결과가 나오기까지 또 두 시간이 지나갔다. 숱한 생각들이 꼬리를 물었다. 큰딸 내외와 아들이 들어오고 둘째와 막내 가족이 왔다. 자식은 가까운 곳에 살아야 효도하지 않나 생각이 되었다. 가까이 사는 셋째 딸 내외가 남편 옆을 지켜주었다. 흩어진 모래알을 줍는 마음으로 결과를 기다렸는데 다행히 뇌에 이상이 없다면서 뇌파 검사를 받아보자고 했다. 한시름 놓으니 두근거리던 마음이 진정이 되었다.

 남편은 마비가 풀리니 허리통증을 호소했다. 신경이 되살아나는 신호이니 긴장했던 내 몸이 바람 빠진 고무풍선처럼 가라앉았다. 남편이 쓰러졌을 때는 허기진 것도 아이들이 하는 말도 귀에 들어오지 않았다. 위급한 상황일수록 옆에 있는 사람이 정신을 차려야 아픈 사람을 살릴 수 있다는 것을 피부로 느꼈다.

 삶은 호흡지간인데 어려운 일을 당하고 보니 마음이 행복한 삶이야말로 한 생을 잘 살았다 칭찬받는 삶이지 싶었다.

 어제 저녁에 응급실에 들어왔는데 벌써 하루가 지났다. 문이 열릴 때마다 환자가 들어온다. 환자는 호흡지간이고 보호자는 찰나가 지옥일 텐데 의사나 간호사는 흐트러짐 없이 진료를 보고 있다. 가족이 아니니 급한 것이 없는 것처럼 보여 마음 한편에서는 질타를 하고 있었다. 남편을 보살피다 깜빡하고 환자용 침대에 이마를 부딪치려는 순간 누군가의 손이 내 이마를 받쳐주었다. 고개를 들어보니 의사 선생님이었다. 침착하게 진료하던 숙련된 손에서 나오는 기지라 생각하니 질타했던 내가 부끄러워졌다.

 남편의 몸이 정상으로 돌아온 것에 감사하고 찰나가 삶과 죽음의 사이라는 것에 마음이 숙연해졌다. 우리는 이제 앞만 보고 달리는 것도 그만하고 아이들끼리 편 가르기를 하지 않도록 당신과 날마다 웃는 날로 살아가면서 이제는 주위도 돌아볼 수 있는 여유가 있으니 잘 살지 않았나 생각된다.
 '사람은 한낱 숨결에 지나지 않는 것. 한 평생이라야 지나가는 그림자이니라.' 구약성서 시편 말씀이 생각난다.
 여보! 정말 고생했어요. 고맙고, 사랑합니다.

3

일상에서

머릿속을 꽉 채운 오지랖 넓은 잡념을 호흡으로 뱉어내며 숲속에 서본다. 시원한 갈바람이 스쳐 지나가고 붉게 물들어가는 단풍을 보며 익어가는 내 나이를 감지하게 된다.

사람은 나이가 들수록 세사(世事)에 경험도 많아지려니와 인생에 대한 이해도 더욱 투철해진다. 막연하게나마 인생의 깊숙한 맛은 만년이 되면 조금은 맛볼 것 같은 생각과는 달리 마음속은 허허로운 들판에 선 것 같기도 하다.

청소하는 여자

　목욕용품인 의자, 대야, 바가지를 온탕 속으로 밀어 넣었다. 새벽부터 저녁까지 수고하였으니 목욕을 시킬 차례가 되었다. 하나씩 꺼내 퐁퐁과 식초 섞은 물에 수세미를 담가 앞뒤로 박박 문질러 놓았다.
　탈의실에서는 진공청소기가 도르륵 도르륵 경쾌한 소리를 내며 구석구석 남편을 따라다닌다. 집에서는 청소 한번 하지 않던 남편이 손님들을 위해 청소를 한다.
　아시때를 닦는 것이 끝나갈 무렵 온탕의 물을 빼려고 하수구로 연결된 마개를 빼려는데 잘 빠지지 않는다. 수압 때문인 것 같다. 줄어 들어가는 온탕 속으로 아시닦은 용품들을 둥둥 배를 띄웠다. 하나씩 닦고 찬물에 헹궈 엎어 놓았다. 바가지 하나마다 아시때를 닦고 온탕에 다시 넣었다가 수세미질을 하여 퐁

퐁이나 식초 성분이 남지 않게 다시 찬물에 헹굼하는 데까지 네 번의 손이 간다.

남편은 타일 벽을 꼼꼼히 닦고 수도꼭지 사이사이를 닦는다.

'우리가 지금 뭘 하고 있는 거지?'

청소하는 남편의 뒷모습을 물끄러미 쳐다보았다. 텔레파시가 통했는지 뒤돌아보며 씩 웃는다. 청소하게 된 원인은 남편이었다. 코로나19가 창궐하는 이때 청결하게 하여 손님들에게 피해가 없도록 해야 한다는 지론으로 사고를 치고 말았다.

남편이 새벽 운동을 마친 뒤, 우리가 운영하고 있는 목욕탕에 들렀다가 청소 아주머니에게 청소가 미진하게 된 부분을 점검해서 메모를 전해준 것이 발단이 되어 청소 아주머니가 그만두게 되었다. 욕탕 청소는 세신사가 책임지고 관리하는 것인데 당황스럽기는 세신사도 마찬가지인 것 같다. 며칠만 도움을 요청했다. 내가 돕겠다고 나서서 이틀째 청소를 하고 있다.

원인을 남편이 만들었으니 누구에게 원망할 일도 아니었다. 남편은 바닥을 닦고 또 닦는다. 미끄럽지 않게 바닥이 까슬까슬하도록 닦는 성실함은 높이 살만하다. 마무리는 호스를 연결하여 거품을 완전히 제거하고 시원하게 벽체까지 샤워를 시켜준다. 바닥은 세 번을 씻어내고 맨발로 문질러 미끄러지지 않는 것을 확인하면 된다.

기분이 소나기 내린 하늘처럼 개운하다. 아주 오랜만에 나란히 서서 샤워를 하며 사그라들던 정이 다시 고개를 든다. 백지

장도 맞들면 낫다는데 청소하는 분이 새로 올 때까지 최선을 다하려 한다. 한 번 오셨던 손님이 다시 오고 싶을 깨끗한 목욕탕이 되도록 몸을 움직여 닦았다.

갑자기 장난기가 발동한 남편이 내 허리를 감싸 안는다.

"개미허리가 절구통이 되었네. 이번 기회에 개미허리로 되돌려보자. 근육도 단련하고 몸무게도 줄여 건강해지면 일석이조지." 한다.

"반세기 동안 살면서 함께 일해 보는 건 처음이잖아."

주름진 모습이 안타까운지 안 하던 말을 한다. 우리 부부는 양수 속에 떠다니는 이란성 쌍둥이처럼 목욕탕 청소를 했다. 남편은 닦고 나는 물을 뿌린다. 가끔 남편에게 물을 뿌려 장난도 치며 지루했던 일상에서 활력을 찾는 중이다. 할 수 있는 일이 있다는 것은 살아 있는 사람에게 행복이라는 것을 깨달아 간다. 뚜걱거리던 관절이 부드러워지고 선잠으로 뒤척이던 잠자리가 편안해졌다.

톡

기다려주는 사람

　어린 여자아이가 양손에 사과를 들고 있었다.
　아이의 엄마가 "네게 사과 2개가 있으니 하나는 엄마 줄래?"라고 말했다. 그러자 아이는 고개를 갸웃거리더니 왼쪽에 든 사과를 한 입 베어 물었다. 그리고 엄마를 빤히 바라보다가, 이번에는 오른쪽 사과를 한 입 베어 물었다. 엄마는 깜짝 놀랐다. 아이가 이렇게 욕심 많은 아이인지 미처 몰랐다. 그런데 아이는 잠시 뒤 왼손을 내밀면서 말했다.
　"엄마, 이거 드세요. 이게 더 달아요."
　이 아이는 진정으로 사랑이 많은 아이였던 것이다. 만약, 엄마가 양쪽 사과를 베어 무는 아이에게 곧바로 "너는 왜 이렇게 이기적이니?"라고 화냈다면 어떻게 되었을까? 섣부르게 판단하고 행동하면, 아픈 상처가 남을 수밖에 없다. 조금 기다리는 것 그것이 바로 사랑이다.

- 토마스

아들이 건강검진을 받은 병원으로부터 연락이 왔다고 했다. 중학교 때 수술받았던 곳에 음영이 보이니 내원하여 정밀검사를 받아보라는 것이었다. 심장이 덜컥 내려앉았다. 중학교 때 수학여행을 다녀와서 응급실에서 발견한 뇌종양을 수술한 지 21년이나 되었는데…. 혹시나 하는 마음이 그 마음만으로도 지옥이었다. 수면제를 먹고 침대에 누웠지만, 새벽녘까지도 눈이 말똥말똥하다가 눈을 감을 수 없을 만큼 뻑뻑해지더니 나중엔 감기지도 않았다. 아들에게 함께 가자고 전화하니 제 아내와 함께 가니 집에서 기다리라고 하였다.

걱정되는 마음에 며느리에게 카톡 메시지를 보냈다.

며늘아기야 잘 있지? 항상 걱정되고 한편은 고맙다. 엄마도 병원 함께 가면 어떨까? 너의 의견을 물어보는 거야. 아들이 21년 전 뇌종양 수술을 하고, 10년 정도 담당 의사를 찾아뵙고 추이를 살펴보았단다. 약 처방을 받거나 별도로 치료한 적은 없었다. 의사 선생님은 이상 소견이 없다고 말씀하셨고 음영은 수술한 자국이라고 했었으니 걱정하지 말거라. 오늘 밤 잘 자고 내일 병원 다녀와서 결과를 알려주길 부탁한다.

카톡카톡, 며느리에게서 톡이 왔다.

어머니, 너무 걱정하지 마세요. 내일 병원에 가서 소견까지 다 듣고 연락드리려고 저는 따로 말씀 안 드렸어요. 괜히 걱정하실까 봐요. 오랜만에 검사하는 거니까 정확히 듣고 가는 게 편할 거 같아서요. 아산 병원까지 가는 거라 저도 걱정은 안 합니다. 괜찮을 거예요. 내일 다녀와서 좋은 소식으로 전화 드릴게요. 제가 아직 직장이라 문자로 답장 드립니다. 너무 걱정하지 마시고 오늘 저녁 푹 쉬세요. 내일 오후에 전화 드릴게요. 늘 마음 가득 감사하고 힘이 납니다.

우리는 서로를 위로하는 마음을 톡으로 전했다.
아들 병원 진료 예약이 오후 2시인데 오늘처럼 시간이 더디 가는 것을 경험하기는 처음인 것 같다. 오후 3시에 며늘아기에게 전화가 왔다. 음영은 수술 흔적이라면서 담당 의사 선생님께서 말씀하셨다고 전했다. 가슴에서 바윗덩어리가 툭 떨어져 나간 듯 홀가분하다.
'며늘아기야 우리 살아가면서 판단은 신중히 하고 결과는 기다릴 줄 아는 느슨함에서 행복이란 걸 알아가자. 토마스의 글에 나오는 사랑이 많은 아이처럼….'
며늘아기에게 내게는 마음의 사랑으로 보이는 하트 이모티콘이 카톡카톡 날아왔다. 카톡카톡, 실로폰 두드리는 소리처럼 경쾌하다.

사랑으로 보듬으며

　사람도 동물의 일종이다. 식욕, 성욕, 수면욕 등이다. 짐승과 다른 점이 있다면 이성적인 존재로 올바른 판단을 할 수 있는 능력이다. 악한 행동을 억제하고 선한 행동을 하게 하는 마음의 힘이 이성이다. 도덕적이고 윤리적인 삶은 우리가 이성적이기 때문이다. 이라크 전쟁이라든가 핵을 제조한다든지 지구촌 곳곳에서 벌어지는 분쟁 등에는 선하게 살려는 의지가 보이지 않는다.
　위 법문을 듣다가 깨달은 바가 있다. 같은 업식을 찾아 나에게 태어난 아이들을 선업으로 키우느냐 악업으로 키우느냐는 내 몫이다. 악업이 판치는 말세의 세상이 된 것은 부모로 살아온 우리들의 책임이 크다. 반성한다. 나는 내 몫을 충실히 하지 못했다. 건설 현장을 점검하며 돈을 좇느라 아이들을 외롭게 했다. 외로움의 상처가 또 다른 상처를 낳지 않기를 기도한다.

하루 3시간 손녀를 보살핀다. 15개월 된 손녀 마음이 무섭지 않고 외롭지 않고 기쁨이 가득하도록 보살피며 어루만져 키운다. 내 아이들에게 쏟지 못한 정성과 사랑을 손녀에게 쏟는다. 퇴근한 딸에게 손녀는 '엄마' 하며 뒤도 안 돌아보고 쫓아간다. 표현은 못해도 엄마가 그리웠던 것 같다.

'엄마, 서윤이가 열이 있는 것 같아' 하며 올려다 주고 출근을 한다. 어디서 시큼한 냄새가 난다. 기저귀를 내려 보니 푸른 변을 묽게 쌌다. 놀란 게 아닌가 걱정이다. 남편과 병원에 데려가 진료를 받고 유아원에 데려다주었다. 오후 5시, 다리를 절뚝거리며 유아원에 도착했다. 알림장엔 손녀가 구토를 했다고 적혀있다. 체기가 있는 손녀에게 먹이려고 맑은 흰죽을 쑤었다. 한 수저도 먹지 않는다. 체한 게 분명하다. 퇴근한 딸에게 증상을 알려주고 아래층으로 보냈다.

오후 8시 30분, 걱정되는 마음에 아래층 현관문을 열었다. 재잘거리는 소리가 들린다. 언니와 장난감을 갖고 놀고 있다. 조금은 안심이다. 말을 하고 말뜻을 이해할 때까지 욕구를 충족시켜 줄 생각이다. 부유하게 성장한 아이는 어른이 되어서도 나누며 사는 행복한 마음이 있다. 궁핍하게 자란 기억을 가진 아이는 어른이 되어서도 잠재된 궁핍으로 마음 또한 가난하다. 손녀가 어른이 되어 전자처럼 살길 바란다. 도덕적이며 윤리적으로 생각을 키워주기 위해 노력한다.

 옛 어른들 말씀이 세 살 버릇 여든까지 간다고 했다. 잠시 보살피는 동안 협동심도 심어주고 배려심과 나눌 줄 아는 아이로 키워야겠다. 100세까지 사는 동안 사랑받고 또 나눠주는 삶이 되기를 할미가 기도한다.

길에서 자라나는 행복 줍기

　정오의 찰랑이던 햇살을 막는 미세먼지처럼, 우리는 마스크로 코와 입을 가린 채 불편한 생활을 지속하고 있다. 하루만이라도 욕심을 내려놓고 복잡한 생각의 늪에서 빠져나오고 싶어 천천히 들숨과 날숨에 집중하며 길을 걸었다. 야트막한 구룡산 능선을 따라 옮겨 딛는 걸음마다 구름 위를 걷는 듯 가볍고 상쾌하다.
　머릿속을 꽉 채운 오지랖 넓은 잡념을 호흡으로 뱉어내며 숲속에 서본다. 시원한 갈바람이 스쳐 지나가고 붉게 물들어가는 단풍을 보며 익어가는 내 나이를 감지하게 된다.
　사람은 나이가 들수록 세사(世事)에 경험도 많아지려니와 인생에 대한 이해도 더욱 투철해진다.
　막연하게나마 인생의 깊숙한 맛은 만년이 되면 조금은 맛볼 것 같은 생각과는 달리 마음속은 허허로운 들판에 선 것 같기도 하다.

구룡산은 아홉 마리의 용이 승천을 준비하다가 세존 사리탑이 세워지자 승천을 포기하고 탑을 호위하는 호위병이 되었다는 전설이 있다. 세존 사리탑은 조선 고종 때 구천동에 옮겼던 것을 광우와 등원 스님이 안심사로 모셔와 종 모양으로 사리탑과 탑비를 세웠다는 기록이 있다.

안심사는 구룡산에서 멀지 않은 곳에 있으니 참선하는 마음으로 천천히 걸음을 옮겼다. 가까이 법당이 보이고 단청이 곱게 채색되어 있다. 법당과 멀지 않은 곳에 원형의 작은 연못은 정원인 듯 아름답다. 진표율사가 창건 후 평안한 마음으로 수행하여 득도하기를 바라는 염원으로 '안심사'라는 사찰명을 지었다고 한다.

안심사 대웅전은 보물 제664호로 지정되어 있으며 조선 중기의 목조 토기와로 지은 사찰이다. 건물 내부는 장엄하게 치장되어 있고 대웅전 안에 닫집을 지어 부처님을 공경하는 예를 갖추고 있다. 대웅전 안에서 피어오르는 침향 냄새는 심신을 깨끗하게 씻겨내고 가지런히 놓인 목탁은 중생들의 소원을 부처님께 발원하는 가교 구실을 하다가 잠시 쉬고 있는 듯 평화로이 보였다.

대웅전 옆에 있는 영산회괘불은 국보 제297호로 괘불함에 보관되어 있어 아쉽게도 친견할 수 없었다. 초파일 행사 때 일반인들에게 공개한다고 하니 인연이 닿으면 볼 수 있지 않을까? 괘불은 법석을 열어 설법을 설하는 장엄한 모습으로 중생들에게는 불법을 널리 설파하고 깨달음을 주기 위한 불화이다. 평상시엔 모조품을 걸개로 걸어놓고 경배를 할 수 있게 해놓았다.

영산전 중앙에는 삼존불이 모셔져 있고 16나한상이 좌우로 배치되어 있다. 나한이란 깨달음을 득도하여 아라한과를 이루었으나 열반에 들기를 미루고 미륵이 나타날 때까지 불법을 수호하고 중생을 이롭게 하는 석가모니 제자로 신통력이 뛰어난 16명의 아라한을 뜻한다.

가까이서 뵈니 마음이 숙연해져 저절로 합장 예를 올리게 된다. 선돌 위에 가지런히 놓인 흰 고무신을 보고는 참선에 방해되지나 않을까 걱정스러운 마음으로 나비걸음을 걸었다.

나지막한 햇살은 머뭇거리는 뭇 생명을 보듬는다. 평온한 마음으로 본래의 내 모습으로 돌아와 따스한 위로를 받았다. 우리도 깨달아 10지경계에 다다르면 부처가 될 수 있다고 하니 힘써 공부해야겠다. 해우소에 들러 아직도 내려놓지 않은 걱정과 근심을 비웠다.

고목들이 묵묵히 세월을 감내하는 안심사 입구로 나와 잠시 몸과 마음을 쉬었다가 개신동과 산남동 산북동에 걸쳐 있는 산 165m를 완주하고 방죽말 방죽, 장전 방죽, 산남 방죽, 농촌 방죽, 원흥이 방죽이 조성되어 있는 곳을 돌아본 뒤, 두꺼비 서식지로 유명한 원흥이 방죽을 둘러보니 유년 시절 비 오는 날이면 소슬 대문 안으로 떼 지어 들어오던 두꺼비의 모습들이 생각난다.

오늘은 평온하고 살가운 내 삶의 멋을 길에서 만난 숲과 바람, 벌과 나비 그리고 습지와 방죽에 서식하는 생명체와 부처님이 머물고 계신 도량과 세존 사리탑에서 하루를 머물다 내려놓았다. 따스하게 내려앉으며 서산으로 갸웃 고개를 내민 가을 햇살 속에서 행복을 찾는다.

행복은 이렇듯 언제나 우리네 삶 가까이에 존재한다.

돌아온 봄빛

　소곤소곤 이야기 소리가 정답게 들린다. 가냘픈 아기 숨소리 같다. 아, 봄! 봄빛은 어머니의 품속같이 따스하다. 옥빛 파릇한 여린 싹이 흙을 들어 올리는 소리다. 봄의 전령이 땅속으로부터 오는구나. 양지바른 밭둑에는 쑥이 올라와 있고 냉이도 선을 보였다. 춘래불사춘이라 하지만 어느새 마음은 꽃망울이 부풀어 올라 창문을 열고 봄바람을 맞이한다.

　내가 태어나기 전 1940년대만 해도 춘궁기가 있었다고 한다. 이때가 되면 아이들은 밭둑이나 논둑에 앉아 쑥도 뜯고 냉이를 캐서 끼니에 보태었다고 했다. 아낙들은 산으로 산나물을 뜯으러 다니면서, 비탈길을 오르다가 넘어지기도 하고 얼굴도 가시덩쿨에 긁히면서 집에서 굶고 있을 식구들을 위해 혼신을 다하였다고 한다. 겉보리가 날 때까지 춘궁기를 보내느라 먹지를 못하여 부황이 나서 병이 들기도 하였단다. 이토록 모든 생물들에게는 봄의 계절이 있었기에 생명을 유지할 수 있었다. 봄은 모든 만물이 새로운 희망을 펼치는 오행에서 목(木)은 봄을 뜻한다. 사계절의 시작으로 봄은 탄생을 의미한다. 새로 움이 돋고 새로운 생명이 탄생하는 시기이다. 이래서 누구나 봄은 기다려진다.

 어미 닭이 품었던 알을 부리로 콕콕 쪼는 소리와 함께 삐악삐악 병아리가 알을 깨고 나왔다. 아직은 낯선 듯 비틀거린다. 초롱 속에 부직포를 깔아 따뜻하게 해준 다음 병아리를 옮기고 좁쌀을 넣어주었다. 콕콕 좁쌀 찍는 소리가 악기 소리처럼 정답다. 병아리들이 모여 온기를 나누는 모습을 바라보다 30년 전 일이 생각났다.
 건설 현장에 쌓아놓은 자갈 더미에서 남루한 옷차림으로 공기놀이를 하고 있던 남매를 만났었다. 말소리는 들리지 않고 돌 부딪치는 소리만 들렸다. 가까이 다가가 이름이 뭐냐고 물어도 들은 척도 하지 않는다. 더 큰소리로 물었다. 건축주가 무슨 일이냐고 묻는다. 집에 있는 막내딸과 비슷한 또래 같아서 말을 거는 중이라고 했다. 하던 일을 멈추고 나에게 손짓으로 부른다. 옆집에 사는 아이들인데 여섯 식구가 한 사람만 빼고 모두 청각장애인 가족이라고 했다. 측은한 생각이 들었다. 병원에 데려가 진찰이라도 해 보고 싶었다.

여자애의 할아버지를 만나 데려가고 싶다고 하니 거절을 하신다. 나를 믿을 수 없다고 하셨다. 심부름하는 아이로 데리고 가려나 생각하셨나 보다. 건축주가 보증을 서서 겨우 청주로 데려올 수 있었다. 이비인후과에 데려가 검사를 하니 정상이라고 했다. 가족이 말을 안 하니 혀가 굳어있을 뿐이라고 한다. 내 가족의 일처럼 기뻤다. 막내딸이 다니는 사직동에 있는 어린이집 원장님께 부탁을 드려 유치원에 다닐 수 있도록 허락을 받았다.

퇴근하고 집에 돌아온 남편에게 전후 사정을 이야기했으나 말도 못 하는 아이를 데려왔다고 불편한 기색이 역력했다. 그렇게 한 달을 불편하게 보냈다. 막내딸이 같은 또래지만 아이의 선생님이 되어 말을 가르쳤다. "엄마, 엄마 아빠, 아빠…" 한 달이 되니 세 살 정도의 아이만큼 말문이 열렸다. 아이는 출근하는 남편에게 "아~아~" 하며 인사를 하고 퇴근하고 돌아오면 제일 먼저 달려가 안겼다. 예쁜 짓을 하니 남편도 서서히 마음을 열었다. 토요일마다 여섯 명의 아이들을 세신사에게 부탁해 목욕을 시켰다. 아이를 데려온 지 두 달 정도 되자 눈만 반짝이고 구릿빛 피부였던 아이는 조금씩 촌티를 벗고 변해갔다. 막내딸과 같은 원피스를 사서 입히니 동네에 딸 부잣집에서 밖에서 딸을 낳아 왔다는 소문이 돌았다. 남편이 이런 소문을 알게 될까 봐 미안하고 마음이 늘 조마조마했다.

　어느 날, 아이의 작은 엄마가 찾아왔다. 어떻게 알았는지 조카딸이 잘 있나 보러 왔단다. 우리 집과 그리 멀지 않은 가까운 곳에 살고 있었다. 사촌끼리 정도 쌓고 토요일마다 데리고 가서 목욕도 시키고 일요일에 데려다 달라고 부탁했다. 두 번 목욕을 시키고 데려와서는 힘들어서 못 하겠다고 시골집으로 보내라고 한다. 이제 겨우 말문이 열려 재잘거리는 아이를 보내기에는 마음이 허락지 않았다. 유치원에 선납한 수업료도 연말까지라 데리고 있었다. 주변 사람들의 엉뚱한 소문으로 신경이 쓰였다. 하는 수 없이 초등학교 입학할 봄날에 아이를 시골로 보냈다. 밥상에 숟가락 하나 더 얹는 마음으로 막내딸과 함께 학교에 다니게 해주었으면 좋았을 텐데…. 공직자인 남편에게 누가 될까 봐 고심을 하였던 일이 지나 놓고 보니 그때는 생각이 짧았다.

　어느덧 고희에 이른 세월의 봄은 어디로 갔을까? 이제는 봄이 오고 가도 뒤돌아보면서 후회하는 일이 많다. 주차하는 소리와 대문 여닫는 소리에 창밖으로 눈이 간다. 인(人)꽃들이 우르르 몰려온다. "할머니 저희 왔어요." 여섯 명이 움직이는 꽃으로 내게 다가온다. 봄꽃과 인꽃이 어울려 방실거린다. 잔디가 파릇한 마당 안은 금세 생기가 넘쳐난다. 살랑대는 미풍도 좋고 아이들 가벼운 옷차림도 좋다. 세월 속에 저물어가는 나도 꽃이 되는 계절, 그 애도 기억하고 있을까? 나와 여섯 살짜리 그 애와 인연이 되었던 지난날의 봄이 아련히 회상되었다.

　봄은 부르지도 않았는데 어느새 마음에 가득히 머문다. 나무도 꽃을 피워 매화와 눈을 맞추니 뜰 안에는 향기로 가득하다.

행복한 날

　새싹이 움트는 계절이 다가오네요. 빨리 잎이 되고 싶어요. 촉이 트기도 전에 잎을 보고 싶은 성급한 마음은 하루하루가 아쉽기 때문인 것 같아요. 매화꽃이 피는 계절엔 향기가 되어 나비처럼 날아다니고 싶어요. 초원의 순한 양이 되어 헐벗은 사람에게는 옷이 되어 드리고도 싶고, 병약한 이들에겐 내 살을 나눠주는 살신성인의 삶을 살고도 싶답니다. 코에 바람든 봄 처녀처럼 허상을 좇아 살아온 세월에 산천이 7번이나 변했어요.

　일곱 명의 손자, 손녀와 놀이를 합니다. 이 아이들에게 꿈을 키워주고 싶어요. 촉이 나오기 전 잎을 보고 싶어했던 유년 시절에 욕심이 많은 내가 아닌 순수한 동심으로 자라게 하기 위해 놀이를 하려 합니다. 일곱 명의 손자 손녀에게 풍선을 두 개씩 나누어주었네요. 풍선을 불어 견출지에 이름 붙이기를 했어요. 제 이름 찾기 놀이입니다. 서로 뒤엉켜 찾으려다가 결국은 풍선 모두를 터트렸네요. 내 것이라는 집착 때문이지요. 다음은 풍선에 붙은 이름을 보고 오빠, 언니, 동생을 찾아주기 놀이입니다. 거실 가득 있는 풍선을 오빠, 언니, 동생에게 찾아주니 터지는 풍선 하나도 없이 본인들에게 돌아갔지요.

풍선 찾기는 우리가 살아가는 원리하고 같아요. 사람들은 행복을 찾아 헤매다가 날이 저물고 저녁노을 속에 머물고 맙니다. 행복은 너와 내가 함께 할 때 있습니다. 다른 사람들 풍선을 찾아주듯 그들에게 행복을 나누어줄 때 나 또한 행복한 것입니다. 행복을 가꾸는 것은 손이 닿는 곳에 정원을 만드는 것입니다. 행복은 멀리 있는 것이 아니고 가까이 있어요. 내 옆에 있고, 내 앞에 있는 사물에 관심을 갖고 매일 살아가는 것을 공유하는 것 바로 헤밍웨이의 법칙이랍니다.

계단을 오르내리며 계단의 고마움을 모르고 살았네요. 게으른 나에게 발판이 되어 고관절 운동과 종아리 운동을 할 수 있도록 등을 내어줍니다. 먼지를 묻혀온 신발을 마다하지 않아요. 힘이 들면 쉬어가라며 곁을 내주기도 하지요. 오늘은 계단을 꽃단장시켜 주려 합니다. 온수를 연결하여 위에서 아래로 비로 쓸어 내려갑니다. 한 층을 하고 나니 고운 모래 때문에 비질이 되지 않아 쓰레받기로 모래를 담았네요. 아래 계단은 위 계단보다 깨끗이 닦이지 않아요. 원인이 뭘까 생각해보니 모래가 없기 때문인 것 같아요. 모래와 물이 힘을 합쳐 더러움을 닦아내니 대리석이 더 윤이 나게 닦아졌던 것 같아요. 빗자루가 무겁다 휘청거려도 현관 앞까지 모래와 물이 어우러져 빗자루 아래서 목욕을 합니다. 하얀 벽과 깨끗한 대리석 계단이 환하게 웃는 것처럼 개운하네요.

내가 계단처럼 누군가에게 발판이 되었을까 생각해 봅니다. 계단을 오르면서 한 번도 '수고하네'라고 말한 적이 없어요. 이제 뒤돌아볼 마음의 여유가 생기니 '계단이 있어 걷는 것이 편안했구나' 무생물인 구조물이 생물인 나에게 불평 없이 베풀었다 생각하니 그저 감사할 따름입니다.

함께 할 때 행복이 배가 되는 것처럼 나도 누군가 옆에 있을 때 행복이 배가 되기를 바라네요. 강화문을 활짝 열어 계단 물기를 말립니다. 바람과 계단과 내가 공생하니 더 윤이 나고 행복한 날입니다.

여름 오이지와 인연

 덩굴손이 줄을 타고 곡예를 합니다. 포터에 심긴 오이 모종 열 포기를 사다가 텃밭에 이식했어요. 열흘 만에 텃밭에 들렀더니 덩굴손이 오이 모를 쓰러지지 않도록 줄을 감싸고 있네요.
 오이는 한해살이 덩굴식물이며 코끼리 코처럼 역할을 하는 덩이줄기가 있어서 오이 무게를 감당합니다. 줄기와 능선에는 굵은 털이 나 있고, 원산지는 인도의 북서부 히말라야 산계며 전 세계에 분포되어 있답니다. 꽃 지름은 약 3cm 노란색으로 병아리 입속 같아요. 화관은 5개로 갈라지고 수꽃에는 3개의 수술이 있으며 암꽃에는 돌기로 되어 있는 긴 씨방 아래쪽에 있어요. 수정이 되면 돌기가 자라 오이가 됩니다.

 오이는 활용도가 많아요. 오이냉국이며 오이지를 만들어 먹을 수도 있고, 데었을 때 오이즙을 내어 바르면 화기가 빠지기도 합니다. 미백효과가 뛰어난 오이팩을 얼굴 가득 붙이고 에어컨 바람 아래 누워있는 딸들의 모습을 바라보며 내 삶의 뒤안길을 돌아봅니다. 사는 것이 바빠 미에는 신경 쓸 사이도 없이 은갈대 머리와 주름진 얼굴, 이제라도 오이팩 좀 붙여볼까? 다리미질을 한 모시옷처럼 올올이 펴져 탱글탱글한 피부가 되지 않을까 생각해 봅니다.

 어느 날, 지인이 오이지를 가지고 왔어요. 갖은양념에 윤기가 자르르, 식감은 아삭아삭 아삭이 고추를 씹는 소리로 맛을 더합니다. 집에서 오이지를 담그는 방법은 간단하지요. 끓인 소금물을 오이에 붓고 다시 끓여 붓는 작업을 반복하면 파란색 오이가 노란색 오이로 변하면서 수분은 빠지고 쫄깃하게 씹히는 맛이 생오이와는 전혀 다른 맛이 납니다. 지인이 가져온 오이지는 일반적이지 않고 특별한 맛이 납니다. 비법을 물어보니 제적 사찰에서 얻어온 것을 맛보라며 무쳐온 것이랍니다.
 지인을 앞세우고 수동 골짜기를 향해 갔습니다. 비구니 스님 두 분과 공양주 보살님 세 분이 상주하고 계신다고 하네요. 절 마당은 모르타르 포장을 하여 깔끔하긴 했어도 잔디로 꾸며진 마당에 비해 정감은 덜합니다. 대웅전에 가서 삼배를 하고 스님을 뵙고 깜짝 놀랐어요. 30년 전에 지인과 함께 뵈었던 안면이 있던 스님입니다.

스님은 저를 기억하고 계셨습니다. 30년이 지났건만 온화한 모습이 여전합니다. 사찰도 많이 변해 있었어요. 흙으로 되었던 마당은 포장되어 있었고 요사채도 신축되어 나무향이 뿜어져 나옵니다. 요사채 옆 텃밭에는 오이, 가지, 상추와 쑥갓이 잘 가꿔져 있습니다.

무공해니 맛보라며 스님이 오이 하나를 따서 옷소매에 쓱쓱 문질러 반으로 뚝 잘라 지인과 나눠주셨어요. 한 입 베어 무니 풋풋한 향기가 입안 가득합니다. 텃밭을 가로질러 승방으로 안내되어 우리는 스님께 삼배를 하고 정담을 나누었습니다. 공양주 보살님이 방울토마토와 차를 준비해 주셨어요.

지인이 스님께 오이지 만드는 법을 배우러 왔다고 말씀드리니 스님은 공양주 보살님께 눈길을 보냅니다. 공양주 보살님이 설명을 해 주셨습니다. 일반가정에서는 생오이를 소금물에 삭혀 오이지를 만들지만, 사찰에서는 설탕에 오이를 재워서 오이지를 만든답니다. 한 보름 재워두면 수분이 빠져나온 오이가 꼬들꼬들해지는데 이때 꺼내 갖은양념을 해서 먹으면 밥 한 공기를 게 눈 감추듯 먹을 수 있다고 하십니다. 설탕에 재워둔 오이지를 꺼내 어슷썰기를 하고 참기름, 고춧가루, 마늘, 식초, 파, 고운 소금으로 간을 한 다음 제게 주시면서 부연설명을 합니다. 오이지는 속이 더운 사람에게는 약으로 쓰였다고 합니다. 찬 성분이어서 열을 식혀주며 마음을 편하게 하는 성분이 있다고 합니다.

사찰을 나오면서 태어나서 임종할 때까지 사계절을 비유한다면 여름도 보내고 가을도 지나 초겨울에 접어든 할매가 오이지로 인해 30년을 잊고 살았던 스님과 재회하는 계기가 되었네요. 2021년 하지가 되면 경자년 여름이 생각이 나겠지요. 채마밭에서 갓 따낸 오이를 옷소매에 쓱쓱 문질러 주셨던 하늘빛 닮은 스님을….

특별한 선물

내가 태어난 봄날 직계 가족 모두가 해외로 여행을 갈 계획을 2년 전 세웠었다. 그러나 역병으로 변수가 생겼다. 국내 여행이라도 함께하면 좋겠지만, 이마저도 어려워져 신축년 설 공모전 공지를 가족 단톡방에 올렸다. 각자 가정마다 경치 좋은 곳에 가서 휴식을 취할 수 있기를 바라는 마음이었다. 5인 이상 집합금지, 우리 가족부터 솔선수범하자는 카톡이 카톡카톡하며 심란하게 울렸다. 저희끼리 날짜를 정해서 오는 게 무슨 소용인가 싶다.

우리는 한자리에 앉아서 사방팔방에서 오는 자녀들을 맞이했다. 2월 10일부터 시작하여 14일 저녁때야 끝난 아이들과 만남은 기쁜 마음과 함께 피로가 겹쳤다.

20여 명이 손편지와 시 그리고 그림을 그려왔다. 저희 사는 모습을 한눈에 볼 수 있어 좋았다. 눈물이 왈칵 쏟아지는 감동적인 글도 있었고 고사리손으로 그린 그림에는 맑은 심성이 보이기도 했다. 화목하게 사는 모습도 좋았고 형편이 비슷비슷한 것도 좋았다. 나도 밤새워 며느리와 사위들에게 손편지를 써서 여행 경비와 함께 주었다.

 아이들을 보낸 다음 남편이 제주도로 여행을 가자고 했다. 집에서 쉬고 싶은 마음이 더 컸지만, 그의 마음에 감동해서 제주행 비행기에 탑승했다. 제주공항에 도착하니 예약해 둔 택시가 대기하고 있었다. 우리는 해안도로를 따라 여행을 하면서 오래전에 구입해 둔 밭에 도착했다.

 작년까지만 해도 없던 횡단보도가 생겼고 주위에는 커피숍과 별장들이 줄지어 들어서 있다. 천연기념물 98호인 만장굴 8,928m 가까이에 바다로 향한 새로운 굴이 발견되어, 도에서 주위 500m 전방을 모두 사들이고 그 위에 있던 집들을 모두 철거했다고 한다. 개발 경계지점 끝 선에 인접한 우리 밭이 노른자위 땅이라고 했다.

 직접 들으니 실감이 났다. 몇 번 중개사들로부터 매매하라는 연락을 받았었다. 아들 전시관을 짓고 작업실로 쓰려고 매입한 밭인데 값이 오른들 세금만 더 내게 되는 셈이다.

 해안도로를 둘이서 걸었다. 풍차가 돌아가고 비취색 푸른 바다가 가슴을 설레게 한다. 해녀의 집에 들어가 음식을 주문했다. 요즘이 방어 철이긴 한데 세 명이 한 마리를 시켜 먹는 것은 낭비라고 한다. 열 명 정도가 먹을 수 있을 정도라 하니 크기가 대단하다.

음식이 나오기를 기다리며 가져온 편지를 읽었다. 몇 번을 읽어도 감동이다. 막내딸이 쓴 편지를 옮겨 적어본다.

> 엄마 올해도 어김없이 당신의 생일이 돌아왔습니다.
> 작은 아이로 태어나 노인이 되는 긴 시간을 당신은 참 열심히 그리고 고단히 살아왔습니다. 생명을 낳아 길러보니 그것이 얼마나 수고롭고 무거운 일인지 부끄럽지만 살면서 깨닫습니다.
> 그럼에도 불구하고 당신은 무너지지 않고 언제나처럼 아이들의 든든한 기둥이자 남편의 내조자로 부단히 살아왔습니다. 인생은 일시의 해프닝이 아니라 만 가지 기쁨과 만 가지 슬픔, 만 가지 후회와 만 가지 극복이 교차되는 긴 여정이기에 우리는 언제나 '그럼에도 불구하고' 어려운 길을 포기하지 않고 걸어갑니다.
> 당신이 놓은 일흔여 개의 주춧돌은 집으로 돌아가는 든든한 길이 되었습니다. 이제 당신은 어디로 가는 길에 그 예쁜 돌을 놓고 계신가요?
> 부디 당신이 내는 그 길은 사람들이 걷기 좋게 나 있길 바랍니다. 나무가 있어서 쉬었다 갈 수 있는 길이길 바랍니다. 길 잃은 사람이 볼 이정표도 붙어 있는 좋은 길이 되길 바랍니다.
> 당신을 축복합니다.
>
> 막내 민주 올림

부모에게 가장 좋은 냄새는 빵 냄새이고, 가장 좋은 맛은 소금 맛이고, 가장 좋은 사랑은 '자녀에 대한 사랑'이라고 한다.

가장 좋은 사랑은
자녀에 대한 사랑이다

 큰 딸애가 사용했던 방에 들어가면 따스한 숨결이 느껴진다. 둘째가 사용했던 방에는 상자 속에 잠자고 있는 그림들이 세상 밖으로 나가고 싶다고 아우성을 치는 듯하다. 예능에 소질이 있는 아이였지만 경영학을 전공했다. 셋째는 문학에 소질도 있고 해서 소설가가 되어도 좋겠다, 싶었는데 국문학을 한다기에 소질을 살려보라고 했더니 졸업한 뒤 국가직 공무원이 되었다.
 막내딸은 초등학교 입학에서부터 캐나다에서 연수를 한 뒤 대기업에 취직하기까지 일기장을 일련번호를 붙여 정리해 놓았다. 일련번호 없는 오래된 공책 한 권이 맨 앞줄에 꽂혀 있어 보니 일기장이다. 초등학교 때 쓴 일기에는 늘 집에만 있는 친구 엄마와 우리 엄마와 바꾸었으면 좋겠다고 쓰여 있었다. 하교 후 집에 오면 텅 비어 있는 집이 슬펐다고 했다. 얼마나 정이 그립고 사랑이 고팠으면 어린 것이 일기장을 버리지 못하고 간직하고 있었을까? 일기를 보며 왜 앞만 보며 뛰었을까 후회가 되었다.

　동서남북으로 전화를 해서 돌아오는 토요일 집으로 모이라고 했다. 무슨 영문인지도 모르고 도착한 오 남매는 의아하게 바라보았다. 각자가 사용했던 방들을 오늘내일 양일간 정리해서 필요한 것은 가져가고 나머지는 재활용센타에 보내거나 필요한 곳에 기부하기를 당부했다. 저희가 필요할 듯한 물건은 상자에 담고 내용물을 표기해나가며 정리해 나갔다. 옷과 컴퓨터는 재활용 업체에 보내고 빈방을 들여다보니 휑하니 겨울바람이 부는 듯하다.
　목욕하고 돌아온 형제자매는 두런두런 이야기 삼매경에 빠졌다. 가장 오래 함께했던 거실에서 추억 보따리를 풀어 놓았다. 가족 중에 엄마 퇴근이 가장 늦어서 늘 빈집 같았다고 속내를 이야기한다. 결혼하고 가정을 이루고 나니 성실한 아빠의 모습도 보이고 대찬 엄마의 성품에서 많은 것을 배워 잘 살아가고 있으며 앞으로도 걱정 끼쳐 드리는 일은 없을 거라며 깔깔거리며 웃는다. 뙤약볕에 그늘이 되어 주시고 어려움 없이 공부시켜 주셔서 사회 일원이 되어 부끄럽지 않게 살아갈 수 있게 해 주셔서 감사하다고 딸들이 합창했다.
　아들은 위로 누나가 넷이나 되지만 막내인 저를 장남이라 부를 때마다 힘들었다고 했다. 뉴욕으로 연수를 가서 장남이란 짐도 내려놓고 홀가분한 마음으로 자유를 맘껏 누려서 좋았다고 했다

"나도 너희들에게 할 말 있어. 너희 오 남매가 있어 힘은 들어도 힘든지 모르고 앞으로 직진만 했지. 너희들 출가시키고 이제 걸리는 게 없어 하던 사업을 접으니 몸 구석구석이 힘들었다고 반란을 하는 거야. 한때는 우울감에 빠졌던 때도 있었다. 주위의 모든 것이 짐으로 느껴지고 내 몸까지 내려놓고 싶었단다. 나는 왜 앞만 보고 달렸을까. 주위의 아무것도 보지 못했다. 모든 것이 싫어졌고 그 안에는 나도 포함되어 있었어. 죽을 수도 있다는 생각에 의사 선생님께 상담한 적도 있었지. 의사 선생님은 가만히 내 등을 토닥이며 수고하셨다며 위로해 주셨지. 울고 싶으면 소리를 내 울어도 된다고 하셨다. 행복으로 알고 살았던 모든 것이 희생으로 만들어진 허상 같다는 생각이 들 때 억장이 무너졌단다. 엄마는 빈 항아리 같은 공황장애가 찾아왔던 거였어. 그래도 나는 나를 다시 일으켜 세워야 했다. 아들이 아직 결혼 전이었으니까 부모로서 할 도리가 남아 있었던 거지. 내 안에 쌓인 감정들을 글로 풀어내며 다시 나를 찾았어. 유년의 행복했던 그 시절로 돌아가 다시 꿈을 키우며 살아가기로 했지."

한 명씩 토닥거리며 내 딸로, 내 아들로 태어나줘서 고맙고 사랑한다고 속삭였다. 막내가 안은 손에 힘을 주며 울먹거렸다. 엄마 사랑합니다. 멋진 엄마가 계셔서 우리 모두 행복하게 살고 있으니 저희에게 보듬어주지 못한 것으로부터 자유로워지시

면 좋겠어요. 유년은 쓸쓸했지만, 형제들이 함께 있어 감당할 수 있었다고 속삭인다.

『채근담』에 이르기를 '집안에 참 부처가 있고 일상생활 속에 참다운 도가 있는 법이다. 사람이 정성된 마음과 화평한 기운을 갖고 부드러운 얼굴과 말씨를 지녀서 부모 형제로 하여금 몸과 마음이 편안하게 하고 뜻이 통하게 하면 이보다 더한 복이 어디 있겠는가.' 하였다.

자식은 그날그날의 삶을 보람 있게 보낼 수 있도록 서로 격려해주는 가장 가까운 사람이라고 생각한다.

후배의 회갑

 올해 회갑이라고 후배가 말했다. 결혼하고 회사에 다니던 후배의 신랑은 독일로 유학을 떠났었다. 남편도 없는 시골 오지에서 아궁이에 불을 때서 밥을 짓고, 시부모님 봉양하고, 시누이에게 시집살이 당하며 살아온 눈물겨운 일상에 보상이라도 받은 것처럼 남편은 교수가 되었다. 장남은 명석한 두뇌로 서울대학교 이공계 학생으로 남부러울 것 없는 삶을 영위하고 살았다.

 바람에 쓰러질 것 같은 가냘픈 후배를 사찰에서 만났다. 한적한 곳으로 손을 잡고 가더니 내 무릎에 엎드려 어깨를 파르르 떨며 흐느껴 운다. 지적이고 냉철한 사람인데 변고가 생긴 게 분명했다. 긴 시간이 흐른 뒤 흐느낌을 멈추고 일어나 꾹

다물었던 입을 열었다.

　서울대학교 기숙사에 이불을 가져다주고, 명동에서 양식으로 아들과 점심식사를 하고 청주로 내려오는 고속버스 안에서 비보를 접했다고 했다. 견딜 수 없는 외로움과 치열한 경쟁 속에서 부모에게조차 힘들다 투정 한 번 부리지 못하고, 부모님을 전송하고 기숙사에 들어가 곧바로 하늘나라로 갔다고 했다. 자식의 힘듦과 고민을 알아채지 못했던 것을 아파했다.

　보듬어야 할 때 보듬지 못하고 안타까운 일을 겪으니 위로의 말이 무슨 소용인가. 인연법을 깨닫고 밖으로 스스로 나오기를 기다렸다.

　둘째 아들은 충북대학교에 입학시키기를 권했다. 부모 곁에서 안정된 학업을 할 수 있도록 배려하면 좋을 것 같아서였다. 지금은 건축학과를 졸업하고 설계사무소에 근무하며 초등학교 교사와 결혼하여 잘 살고 있다.

　큰아들의 슬픔을 가슴에 묻어 가녀린 몸이 더 야위었다. 손자가 태어나 많은 위로가 된다고 했다. 옷을 두껍게 입어서일까? 몸에 살이 붙은 것 같아 안심이다. 60년 인고의 세월을 산 후배에게 시 한 편을 선물한다.

회갑

수줍음 가득 달빛에 품고
어여쁨은 목련 같아라
비바람 모진 인고의 세월
바람에 시집보내고
백합 향기 품고 산다네
어여쁜 내 후배
오늘이 회갑이라네

목욕탕에서

 찬바람이 옷깃을 여미게 한다. 사다리에서 떨어진 후유증이 허리와 다리에 남아 있다. 운영하는 목욕탕 카운터를 보기 위해 절뚝거리며 걸어갔다. 목욕탕 주차장은 만차였다. 샤워 먼저 하고 오라며 남편이 말한다. 여탕은 한가롭다. 남탕 손님이 많은 것 같다.
 대중이 모이는 곳이니 안전이 첫째다. 두 번째가 위생이다. 가정집 목욕탕보다 더 깨끗한 곳이 우리 목욕탕이다. 얼굴을 비칠 만큼 맑은 물이 언제나 가득하다. 바닥은 미끄럽지 않게 늘 솔질하며 청소한다. 대형 목욕탕에 비교하면 다락방 같은 작은 동네 목욕탕이다.
 탈의실에서 손님과 대화했다. 60세가 넘은 듯하다. 가냘픈 외관에 찌들어 보이기까지 하는 손님이 청소가 직업인 것과 산후

조리원에서 하는 일의 차이점을 묻는다. 아는 대로 대답했다.

1. 청소는 건물주가 만족하는 범위만큼 깨끗하게 쓸고 닦으면 된다.

2. 산후조리원에서 하는 일

첫째, 신생아에 대한 이해도와 청결을 원칙으로 안전하게 보살펴야 한다.

둘째, 산모를 케어할 수 있는 능력이 있어야 한다.

청소와 산후 조리원에서의 일은 버거울 것 같다며 간병인 교육을 받고 가정방문 봉사를 해야겠다고 한다. 생각이 건전한 것 같았다.

나는 먼저 탕 안으로 들어갔다. 샤워를 하고 비취보다 더 푸른 온탕에 잠시 몸을 담갔다. 몸도 마음도 개운하다. 탕 안을 둘러보았다. 방금 전에 탈의실에서 만난 손님이 바구니 안에 속옷을 담아 들어왔다. 탕 안에서의 세탁은 금물이라고 말했다. 아무 반응이 없다. 가정 방문 봉사를 하고 싶다는 말이 의심이 되었다.

세신사에게 탕 관리를 제대로 하라고 주의를 주었다. 세신사와 대화하는 중간에 무반응 손님이 끼어들었다. 누군데 세탁을 못하게 하느냐며 언성을 높였다. 이곳은 손님 혼자 사용하는 개인공간이 아니다. 세탁은 집에서 세탁기에 해야 되지 않느냐고 설명했다. 막무가내다. 다음부턴 다른 목욕탕에 다니라고 했다. 가는 곳마다 말썽 부릴 사람으로 보였다. 생각이 건전치 못한 사람이 봉사를 하겠다던 방금 전 말이 뇌리에 스쳤다.

세신사에게 경락을 부탁하고 누웠다. 탕 문이 열리는 소리와 동시에 수화를 한다. 누군가 속옷을 가지고 들어오는 손님에게 신호를 보내는 것 같았다. 거울에 비치는 얼굴을 기억에 담았다. 시간이 흐른 뒤 기억 속의 손님이 손안에 감춰 나가는 물건이 보인다.

금방 세탁물 소동이 있었는데도 손님 편에 선 세신사에게 화가 났다. 선의의 손님들이 피해를 보게 해서는 안 된다고 한 번 더 주의를 줬다. 얼굴이 빨개져서는 탈의실로 가서 빨아가지고 나간 손님의 속옷을 감춘다. 화가 스멀스멀 기어올라 온다. 아침 시간이어서 망설이다 한 번 더 쐐기를 박았다.

목욕탕을 운영하면서 탕 안에서 빨래 안 하기, 사우나실에 빨래 널지 않기까지 오랜 시간이 걸려서 자리를 잡았다. 새로 오신 손님에겐 설명하면 이해하고 협조를 한다. 상식이 담을 넘은 손님은 세신사의 관리를 받는 손님이란 걸 알고 있었다. 오늘 딱 걸렸으니 잘된 일이다.

온탕이나 냉탕에서 탕 바닥에 손을 짚고 물장구를 치니 탕 위로 물보라가 일어났다. 눈살을 찌푸리면서도 시비가 붙을까 봐 말들이 없다. 공중도덕 불감증 손님이 안타깝다. 자녀교육은 제대로 시킬까, 미래가 걱정되는 아침이었다.

하늘제

오늘은 남편과 얼마 전 계획한 대로 하늘제에 버섯을 채취하러 가기로 했다.

오전 5시, 남편을 깨운다. 어제 저녁에 등산배낭, 등산화 등 다 준비해 놓았기 때문에 커피 한 잔과 과일, 카스텔라로 식사를 대신하고 물 한 병씩을 챙겨 차에 올랐다. 어둠이 걷히지 않은 도로는 잘 보이지 않아 걱정이 되었다.

문경에 도착할 즈음 먼동이 트기 시작했다. 버섯시장은 문이 다 닫혀 있었다. 풍년이라 하더니 흉년인가 보다. 북새통을 이루어야 할 도로는 한산했고 길옆에는 흰 줄을 다 쳐 놓았다. 임산물 입찰구역이니 채취하는 자는 처벌을 받는다는 문구다. 남편은 올곧은 성품이라 불법을 하는 사람이 아니다.

버섯은 없지만, 산행을 한다는 마음으로 금지구역이 아닌 곳으로 발길을 돌렸다. 길옆 코스모스들은 춤추듯이 하늘거린다. 일찍 일어나 좀 피곤했는데 꽃과 바람이 몸을 가볍게 한다.

집을 짓고 있는 현장 옆에 차를 주차하고 예전에 송이랑 먹 버섯을 채취했던 곳을 향해 올랐다. 남편 전화다. 걱정이 되나 보다. 능선에서 만나기로 하고 기다렸다. 하늘과 맞닿을 것 같 이 높게 자란 상수리나무와 소나무 사이로 쏟아지는 햇빛 드리 운 하늘을 올려다보았다.

햇빛이 나뭇잎 사이를 투과해 잎파랑이가 그물처럼 투명해 보인다. 공기가 맑으니 신선함이 다가온다. 가만히 눈을 감고 산과 바람과 햇빛과 하나가 되어본다. 아름답다. 행복하다. 지 금만 같아라!

바스락거리는 소리에 눈을 뜨고 쳐다보았다. 남편이 가까이 다가오고 있다. 능이 두 송이와 다섯 개의 송이를 땄다. 함께 다닐 걸 그랬나 보다. 내가 자연과의 데이트를 하는 동안 남편 은 귀한 송이를 채취해서 더 기뻤겠다.

현장에서 전화가 왔다. 물건이 들어오니 차를 옮겨달라는 전 화다. 둘이 부지런히 산 아래로 내려왔다. 가방을 내게 주며 다 시 오겠단다. 차로 내려간 남편은 한 시간은 족히 되었는데도 오지 않는다. 전화를 걸었다. 산길을 잘 못 들어 찾을 수가 없 단다.

헤어진 장소에서 기다린다고 하고는 꼼짝 않고 기다렸다. 무 사히 내가 있는 곳으로 오기를 기도하며 기다리는 시간은 두려움이었다. 남편이 얼마나 소중한 존재인가 한 번 더 깨달았다. 두 시간이 족히 흐른 다음 처음 산길에 들어섰던 사과 과수원에서 만나자고 전화가 왔다.

산을 내려와 사과 과수원에서 기다리며 사과밭을 둘러보니 엊그제 내린 우박으로 사과가 군데군데 찍히고 멍이 들고 낙과되어 땅에 뒹굴고 있다. 목도 마르고 배도 고파 떨어진 사과 하나를 옷에 닦아 먹었다. 남편 것도 하나 챙겼다. 떨어진 사과지만 주인 허락도 없이 먹는 게 도리가 아닌 것 같아 만 원을 검은 봉지에 넣어 사과나무에 걸어 놓았다.

집으로 향하는 내내 설렘과 두려움이 교차된 날이다. 자연학습원 앞 쌍곡에는 입찰 본 어르신들께서 능이, 송이를 판매하는 곳이 있다. 배가 고파 라면을 먹기로 했다. 남편은 라면을 시킨 식당으로, 나는 송이 판매장을 구경했다.

10여 년 전 우리 집에서 자취하던 학생의 아버님을 만났다. 반가워하시면서 송이 두 개를 주셔서 라면에 넣어 먹었다. 송이 향이 마음까지 행복하게 했다. 자취하던 아이는 성장하여 청주시 공무원이 되었다고 말씀하신다. 참 잘되었다. 내 일같이 기쁘다.

송이와 능이는 아래층에 사는 사위와 딸에게 주었다. 하늘과 맞닿아 있어 하늘제, 하늘제가 있어 아이들에게 맛난 걸 먹일 수 있는 날이어서 즐겁다.

오월이 오기까지

꽃잎과 풀잎이 입맞춤하고
봄을 기다리는
젖먹이 눈빛 같은
아지랑이 너울너울 오고 있다네
3월이 가고
오월이 오면
장미향 뿜어내어
벌 나비
잔치를 하네
울 예쁜 막내가
시집간다네

시 속 주인공 민주가 활짝 핀 얼굴로 들어온다. 며칠 있으면 부모 품을 떠나 반쪽을 맞이한다. 서울에서 하는 예식이니 식사 대접만으로는 예의가 아닌 것 같다. 졸작이지만 손님들에게 답례를 하고 싶어서 시집을 엮었다. 민주에게 시집 발간 이야기를 했다. "엄마 고생하셨어요. 제가 먼저 읽어볼게요." 한다. 최종적으로 점검하고 출판사에 넘긴 원고를 민주 손에 쥐여 주었다.

막내딸 방에서 늦은 시간까지 불빛이 새어 나왔다. 아침에 부스스한 얼굴로 원고를 내게 주었다. "엄마 고마워요" 하며 안아주는 손끝에서 전율이 느껴진다. "엄마 서정적인 시들이 많은데, 가려내야 할 시들도 있는 것 같아 체크해 봤어요. 독자에게는 한 문장이 희망이 되기도 하고, 비수가 되기도 하니 엄마가 한 번 더 살펴보시는 게 좋을 것 같아요." 한다. 다시 살펴보았다. 민주가 빨간펜으로 표시해 두었다. 나에 대한 배려인 것 같다.

남편 이야기, 동서 이야기, 친구 이야기, 이웃 이야기, 내 살아온 이야기 등인데 뭐가 문제일까? 생각이 꼬리를 물었다. '아! 잊고 살았던 독자의 아픔이 되살아날 수도 있겠구나' 하는 생각이 들었다. 33페이지나 되는 분량을 시집에서 덜어 내기로 했다. 내 살점을 떼어내는 아픔이 느껴졌다.

'막내야 고맙다. 산초 꽃 속에 숨어 있는 가시처럼 시 속에 녹아 있는 아픔은 생각도 못했구나.'

인쇄가 끝났으면 어쩌지 걱정되는 마음으로 출판사 사장님께 전화를 했다. 혹시나 하던 것이 현실이 됐다. 500부 인쇄를 마치고 책표지 씌우는 일만 남았다고 사장님이 말한다. 난감하다. 출판사 사장님께 전후 사정 이야기를 했다. 침묵이 흐른 다음 출판사 사장님이 솔직한 이야기를 한다. "33페이지 매수를 빼내는 작업이니 끼어 맞추기는 힘들고 새로 작업을 해야 하는데 비용이 발생합니다." 500부 전량을 폐기 처분하고 새로 페이지를 정리해서 발행해 달라고 부탁했다. 죄송한 마음이 송골송골 올라온다.

"오월에 결혼하는 따님이 주인공이니 어머니께서 양보하시길 잘한 것 같습니다." 출판사 사장님이 위로의 말을 전한다. "1쇄 발행일이 5월 20일로 늦어질 것 같습니다." 표지를 씌우기 전이라 다행이고 결혼식 전이니 감사한 일이다.

자루

 울퉁불퉁 남정네 알통처럼 튀어나온 마대자루가 주인도 없는 집에 문지기처럼 서 있다. 괴산을 다녀오는 길에 잠시 우리 집에 들렀다가 집에 가는 중이라며 순희에게 전화가 왔었다. 순희는 자기를 생각하며 맛있게 먹으라고 했다.
 묶어져 있는 자루 입을 풀었다. 더운 열기가 밖으로 나왔다. 풋풋한 냄새와 단내가 어우러져 코끝에 와 닿는다. 비닐봉지를 가져와 옥수수를 담아 나눠줄 사람들의 이름을 적었다. 옥수수를 덜어낼 때마다 마대 자루는 허리가 휘어진다. 마지막 옥수수를 꺼내자 마대 자루가 거실 바닥에 제집인 양 배를 깔고 누웠다.
 옥수수 껍질을 벗겨 수염을 따로 골라놓고 찜 솥에 소금과 당원을 넣어 쪘다. 더운 열기와 구수함이 집 안 가득 퍼졌다.

아래층과 옆집에 맛보라고 갖다 주었다. 괴산대학 옥수수는 찰떡만큼 찰지다. 옥수수 찐 것을 냉동실에 넣어 더운 김만 식혔다.

세 살짜리 손녀를 무릎에 앉힌 후 한 알씩 따서 입에 넣어 주었다. 아기 새가 입 벌리듯 작은 입을 벌려 오물오물 잘도 씹어 삼킨다. 아 하고 입을 벌리는 손녀의 입안이 흡사 자루 입 같다. 손녀 입 속으로 옥수수 알들이 들어가 작은 몸속에 있는 자루를 채운다. 옥수수 알을 따서 손녀 몸속 자루에 채우다 보니 빈 통만 남았다. 말렸다가 젓가락을 끼워 등 긁어주는 효자손을 만들어야겠다.

손녀 입 속으로 들어간 옥수수 알이 작은 몸속 자루를 채워가는 모습을 보니 내 자루가 채워진 것처럼 배가 부르다. 유아원 원아들의 초롱초롱한 눈망울이 떠오른다. 손녀가 다니는 유아원에 조금 가져다줘야겠다.

더운 날 열기 속을 달려 옥수수밭에 도착했다. 우지직 옥수수를 꺾어 허기진 마대 자루에 담았다. 자루는 볼품이 없어도 꼿꼿이 서 있는 모습을 보니 부자가 부럽지 않다. 들통 가득 옥수수를 쪄서 더운 김을 식혔다. 유아원 벨을 누르니 교실 문이 열리며 아이들이 우르르 몰려나온다. 선생님들과 원아들이 빙 둘러앉아 병아리처럼 작은 입을 벌려 옥수수 알을 받아먹는다. 주위가 조용해졌다. 순희의 인심이 또 다른 인심이 되어 아이들의 입까지 퍼졌다.

잡지와 나의 인연

　서울 병원으로 가기 위해 버스에 올랐다. 쇠뭉치를 달아 놓은 것처럼 가슴이 무겁다. 다섯 남매 중 막내로 태어난 아들이 병원에 입원해 있다. 중학교 2학년 강원도로 수학여행을 다녀온 뒤 등교했던 아들이 입원했다는 연락이 담임 선생님에게 왔었다. 구토를 동반하고 어지럼증이 심하다고 했다. 급체거니 하면서도 마음이 급했다. 청주에 있는 종합병원으로 앰뷸런스를 태워 이송했다. 병원에 도착하기도 전에 아들의 증상은 가라앉았다. 원장님이 진찰하시고 급체가 맞는 것 같다고 퇴원하라고 하셨다.
　병원까지 왔으니 정밀검사를 해 주기를 요청했다. 검사를 하신 원장님이 머리에 종양이 보인다고 정밀 검사를 다시 하고 수술을 해야 할 것 같다고 했다. 가슴이 두방망이질 쳤다. 원장님 말씀이 시급한 것은 아니니 7월 방학기간에 하면 좋을 것 같다고 한다. 원장님이 지인이니 믿고 맡길 수밖에 없다. 귀한 아들이니 서울 가서 수술하는 게 좋겠다고 소견서를 써 주었다.

서울 모 병원에 남편과 아들이 먼저 올라갔다. 버스에서 내려 택시를 타고 병원으로 가는 걸음이 도살장에 끌려가는 소 같은 심정이었다. 병실에 올라가니 아들 머리에 주렁주렁 의료용 기구들이 이마와 머리 오른쪽에 붙어 있다. '아니 왼쪽인데 왜 오른쪽에 붙였을까?' 담당 의사를 만나러 갔더니 내일 아침 6시 수술이라 퇴근했다고 한다. 인턴에게 수술을 다른 날로 미루겠다고 했다. 왼쪽인데 오른쪽에 기구를 달아 놓았으니 불안해지기 시작했다. 저녁 8시 30분 퇴근했던 담당 교수님이 오셨다. 하늘이 도왔다. 다시 검사를 하고 수술하면서 보기 위해 붙여놓은 기구들을 오른쪽에서 왼쪽으로 옮겨 달았다.

수술하기 전 보호자 사인이 필요했다. 의사 설명을 들은 남편은 부들부들 떤다. 도저히 사인을 못 하겠단다. 수술 후 방향 감각을 잃을 수도 있고 시신경이 다치면 눈이 안 보일 수도 있다고 했다. 수술을 안 하면 핏줄이 부어오른 부분이 터져 갑자기 생사가 바뀔 수도 있다고 했다. 아들이 수술하고 장애가 온다 해도 옆에 있기만 하면 감사하지 않겠는가 싶어 내가 사인을 했다.

수술실로 들어가는 아들을 바라보는 눈에는 형언할 수 없는 눈물이 쏟아졌다. 남편과 수술실 밖에서 기다리던 시간은 지옥 속을 헤매고 다니는 듯 캄캄했다. 병원 법당에도 들러 기도하고 병원 예배실에도 들어가 기도했다. 나는 연약한 존재이니 부처님도 예수님도 의지하고 매달리게 되었다.

  수술은 장장 6시간이 걸렸다. 의사 선생님이 파김치가 되어 나왔다. 수술은 잘 되었으니 결과를 지켜보자고 한다. 수술실에서 마취가 깨어나면 입원실로 가야 하는데 입원실이 없다. 복도에서 대기하고 있다가 다인실이 나서 그곳으로 올라갔다. 모두가 중환자들이다. 회복이 되었는데도 수술비가 부족하여 퇴원을 못하는 모자가 한 병실에 있었다.
  간병은 어머니가 하고 아들이 폐암 수술을 했는데 강원도가 집이라고 했다. 하루 저녁을 같은 병실에 있었다. 옆 침대에 계신 환자에게 수술비가 얼마나 부족하냐고 물었다. 백만 원이라고 한다. 지금부터 17년 전 백만 원을 드려서 퇴원을 시켰다. 고맙다면서 절을 하고 환자가 보던 잡지 (샘터)를 주고 갔다.
  아들을 운동시키면서 틈틈이 책장을 넘겼다. 나를 위로하는 듯한 좋은 글이 많이 있다. 앞만 보고 사느라 책 한 권 변변히 읽지 못했는데 아들 입원한 병실에서 잡지와 접하니 모든 인연은 때가 도래되어 만나는구나 싶다. 사람도, 책도, 직업까지도….
  『샘터』 외에도 병원에서 발간하는 책도 유용한 정보가 많았다. 아들이 입원하고 있는 열흘 동안 샘터 잡지를 표지 껍질이 피도록 읽었다. 지금도 그때를 생각하며 서점에 가면 도움이 될 만한 책을 사서 집에 들고 온다.

우리 아들이 병원 문을 나서는 날 300만 원을 병원에 기탁했다. 어려운 환자를 돕는다는 홍보도 병원에 비치된 책을 보고 알았다. 말보다는 활자가 더 오래도록 기억에 남는 것 같다. 아들은 수술 후 일 년에 한 번씩 정기검진을 받았다. 약을 먹거나 치료를 한 적은 없다. 일찍 발견하고 수술한 덕분에 건강하니 하늘의 복을 받은 것 같다. 그 후, 병원에 가면 꼭 병원 좌대에 있는 안내문을 가져와 읽는다. 좋은 책이 있으면 메모를 했다가 서점에서 구입한다.

그 시절의 경험으로 나는 이제 청주시 1인 1책에 도전하여 책도 내고 양성평등 글 대전에서 대상을 타기도 했다. 힘들고 어려운 상황에서 어려운 사람에게 도움을 주고, 그 보답으로 받았던 작은 책자 선물이 내 인생의 새로운 도전의 계기가 되었다. 오늘도 그날의 잡지와의 인연으로 정갈하게 펜을 들었다.

열두 폭 치마

코스모스가 하느작하느작 춤을 추고 들판은 노란 금빛으로 출렁인다. 차 창문을 열고 청주에서 맛보지 못하는 상쾌한 바람과 그 속에 노니는 산소를 폐부 깊숙이 들이마신다.

추석이 며칠 앞으로 다가왔다. 지금쯤 차들의 행렬로 느릿느릿 거북이걸음이어야 할 때인데 앞에나, 뒤에나 한적하다. 경제가 어렵다고 하더니 사는 것이 모두 힘든 것 같아 이 좋은 날 마음 한구석이 아리다.

추석도 추석이지만 남편 생일이 내일이다. 산을 좋아하고 버섯도 곧잘 채취해 오던 남편이 어깨 시술로 올해는 산행도 버섯채취도 힘들지 싶어 송이버섯을 사러 문경으로 나들이를 했다.

몇 년 전 하늘제에서 만난 생면부지 사람과 도시락을 함께 먹으며 동네 어르신들의 일상을 들었었다. 버섯철만 되면 운동 삼아 산에 올라가 송이 한두 개 따다가 판매하는 집이 있다고 했었다. 그 돈으로 담뱃값도 하고 손자손녀 용돈도 마련한다고 했었다. 싸 가지고 간 보온병 커피를 나눠 마시고 일어서며 구경 가보자고 하여 산을 같이 내려왔었다.

찾아갔던 집에는 할머니와 며느리가 함께 살고 계셨다. 마당에 들어서니 송이와 능이 향이 가득했다. 할머니는 버섯을 모아두었다가 찾는 분이 있으면 판매한다고 하며 이가 보이게 환하게 웃었다. 사계절 중 버섯철에는 생쥐처럼 산과 할머니 댁을 들락이는 동네 어르신들이 있어서 외롭지 않고 즐겁다고도 했었다.

할머니 댁을 찾아가니 썰렁하다. 고사리만 봉지 봉지 담겨 있다. "전화하면 오지. 아직은 송이나 능이가 없어." 한다. 한두 개씩 따온 송이를 모아 놓은 것이 여남은 개 되는데 48만 원이란다. 그나마 국산이니 믿고 가져왔다.

나도 가을 산행을 하면서 버섯을 채취해 본 적이 있다. 버섯 채취하는 동안은 힘든지 모르다가 집에 도착하면 힘들기 시작하여 이튿날 되면 절뚝거리며 걷게 된다. 송이버섯을 가지고 집에 도착하니 생각나는 사람이 있어 전화를 했다. 받을 수 없다는 멘트가 나온다. 남편이 멀리 있고 아들도 떨어져 사는 사람이라 늘 혼자 있어 송이를 맛보이고 싶었는데 아쉽다.

  소고기와 미역을 들기름에 볶다가 쌀뜨물을 붓고 한두 시간 끓이니 뽀얗게 밑국물이 우러난다. 송이는 작은 냄비에 별도로 살짝 데쳐 놓았다. 내일 아침에 미역국에 송이 우린 국물을 담고 송이를 고명처럼 올리면 송이 향이 미역국 전체에 퍼질 것이다. 남편과 아래층에 사는 딸 가족에게 먹일 생각을 하니 뿌듯하다. 마침 예약해 놓았던 장미꽃 바구니가 배달되고 남편에게 감사한 마음으로 써놓은 편지를 꽃바구니에 꽂아 두었다. 늘 한결같은 마음으로 사니 굳이 감격할 것 같지 않지만, 인연이 되어 별 탈 없이 사는 것이 감사해서 마음을 전했다.

  친구가 김치를 해 가지고 찾아왔다. 늘 신세만 지는 게 미안하여 나주 배를 차례 지낼 때 쓰라고 주니 웃으면서 말한다. "열두 폭 치마가 모자라지? 사람들 챙기는 것 힘들지 않아?" 한다. 챙겨야 된다는 의무감이라면 힘들겠지만, 인연 닿은 사람에게 하는 것이니 힘든지 모른다고 했다. 옆에서 보는 내 친구에게는 내가 좀 모자라 보일지도 모르겠다. 남이야 어찌 보던 천성이니 나는 내가 하고 싶은 대로 살다 가려 한다. 행복은 나눠주는 것이지 대가를 바란 적이 없으니 마음에서 향기가 난다. 밤버섯 한 봉지를 냉동실에서 꺼내 들었다. 멋진 여사님에게 갖다 주고 싶은 마음이 불현듯 바람처럼 스친다.

행복은 작은 것에서

막내아들과 작은 배낭 하나씩을 메고 산길을 더듬어 갔습니다. 남편과 아들은 힘든 내색도 없는데 나만 숨을 헐떡입니다. 산길 옆으로 저수지가 있고 클로버가 펼쳐져 있습니다. 유년시절 학교를 파하고 집으로 오는 길에 숙자와 네잎클로버를 찾아 책갈피에 넣어두었던 추억이 생각나 클로버 옆에 앉았습니다. 희망과 사랑과 믿음과 행운을 잎마다 달고 있다지요.

"엄마, 뭐 하세요?"

네잎클로버를 찾아 아들이 가까이 다가왔습니다. 남편도 오구요. 우리는 산행을 멈추고 네잎클로버 찾기 삼매경에 빠졌습니다. 저수지에서 올라오는 물바람이 시원합니다. 유년 시절에는 쉽게 찾았던 네잎클로버가 지금은 보이지 않습니다.

"찾았다." 아들의 들뜬 목소리가 들립니다. 가까이 다가가니 한 뿌리에서 뻗은 줄기마다 네잎클로버가 달려 있습니다. 오늘 산행은 우리 가족에게 의미가 있는 날일 것 같습니다. 시들지 않도록 휴지 사이에 넣어 배낭 아래쪽에 넣고 다시 산길을 오릅니다. 콧노래가 나옵니다.

"나의 살던 고향은 꽃피는 산골~."

산뚜갈, 미역초, 잔대, 도라지를 채취하며 오르는 산에는 산벚꽃이 연초록 한복에 족두리를 쓴 것처럼 아름답습니다. 우리는 쉬어 가기로 하고 비닐을 깔고 철퍼덕 주저앉아 씻어간 딸기를 먹었습니다. 신선한 공기와 따사로운 봄볕에 달달한 딸기 맛까지 이런 것이 바로 삶의 행복인 것 같습니다. 우리는 행운과 행복을 쉽게 얻지 못합니다. 하지만 자기 자신을 사랑하면서 열심히 살다 보면 가까이에서 행운이 손짓하고 행복도 덤으로 오는 것 같습니다. 딸 넷을 출산하고 좌절했다면 오늘같이 아들과 산행하는 기쁨도 없었겠지요. 남 다 낳는 아들 못 낳을까 하는 오기 같은 마음이 있었기에 아들이 태어나고 남편과 셋이서 산행까지 합니다.

지나간 세월을 추억하는 사이 남편이 일어섰습니다. 깔고 앉았던 비닐을 걷는 순간 눈을 의심했습니다. 작은 어린싹이 예사롭지 않습니다. 혹시 산삼 아니면 오가피? 산삼과 오가피의 어린싹은 구분할 수 없이 똑같습니다. 호들갑을 떤다 할까 봐 살살 흙을 걷어냈습니다. 뇌두가 보입니다. 아들이 이제 집에 가자고 합니다. "여기 산삼이 있어. 어서 와 봐요." "산삼이 당신 눈에 보이면 여기 있는 풀들이 모두 산삼이겠다."남편이 비아냥거리며 왔습니다. 아들보고 살살 흙을 파라고 했더니 잠자고 있던 산삼까지 나옵니다. 오늘 산행길에 얻은 네잎클로버가 행운을 안겨준 것 같아 기쁨이 샘솟습니다. 행복은 별것 아닌 것 같습니다. 작은 것에서 지금 우리 가족은 세상을 다 가진 것처럼 행복해하고 있습니다.

4

농막에서

나는 지금 문학의 꽃을 피우려 한다. 늦은 나이에 시작하는 문학이지만, 다른 사람이 한 발짝 뛸 때 세 발짝 뛰려 한다. 씨를 심었지만, 발아가 되지 않는다면 딱딱한 겉껍질을 벗겨내고 촉을 틔우려 한다. 촉이 트고 나면 수분과 온도와 영양을 맞춰주기만 하면 꽃이 피고 열매를 맺지 않을까 생각하고 있다.

내 집의 주인은 누구인가

 백일홍이 곱게 핀 마당은 금잔디가 융단을 펼쳐 놓은 듯하다. 마당 주위로는 잡풀들이 서로 키재기를 하며 자라고 있다. 긴 장마 후 하늘이 갠 날, 마당 주변에 앉아 깊게 뿌리 내린 잡초에 호미질을 해 보지만 뿌리는 중간이 끊어져 나왔고 며칠 후에 들르면 끊어진 자리마다 다시 잎을 내밀었다. 숨이 턱에 차고 땀에 젖은 옷이 등에 찰싹 붙었다.

 바랭이가 땅 위에 마디마다 뿌리를 내리며 세를 넓혀갔다. 외떡잎식물이며 볏목 화본과 한해살이풀로 눈과 귀를 밝게 하고 소화력을 증진시키는 데 도움이 되는 식물이란다. 되새김질 하는 소는 많은 양을 먹기 때문에 과거에는 여름 한철 소화를 돕기 위해 바랭이를 소의 먹이로 쓰기도 했다.

바랭이풀을 보고 있자면, 유년 시절 집에 있던 꼴머슴이 생각난다. 소 꼴을 산으로 베러 가지 않고 콩밭으로 가, 바랭이를 캐며 밭도 매고 소 꼴도 챙겼었다. 바랭이를 상자 가득 채워 집 안으로 들여와 연자방아 위에 부려 놓고 물로 설렁설렁 흙만 씻어 소죽을 끓여 소에게 먹였다. 굵은 땀방울이 목을 타고 꼴머슴의 적삼을 적셨다. 호미질에 젖은 땀을 쓸어내리다, 땀에 흠뻑 젖은 꼴머슴의 얼굴이 떠올랐다.

우물가에 심어놓은 후박나무가 채일 친 듯 그늘을 만들었다. 우물 옆 너럭바위에 앉아 매실차를 마시며 고추잠자리 떼를 쫓아 파란 하늘을 올려다보았다. 지루했던 장마가 소강상태가 되니 잿빛 하늘이 맑게 개어 땡볕을 쏟아내고 있었다.

후박나무 줄기 위의 하얀 비닐 끈이 흔들거린다. 떼어낼 생각으로 까치발을 올려 키를 키웠다. 후박 잎 사이로 보이는 비닐 끈을 쫓아 시선이 머문 곳에 새집이 자리를 잡고 있다. 새집 안에는 작은 새알들이 들어 있었다.

내 마당이라고 생각했던 곳에 지금 보니 주인은 따로 있었다. 금잔디와 바랭이, 드문드문 키 재기를 하는 쇠뜨기와 나무 위를 점령한 새들까지.

좀 전에 뽑아 놓은 바랭이가 시들어가며 항의를 하고 있다. '아니 너무하지 않아요. 이제 겨우 자랐는데…' 이재민들의 한숨 소리처럼 들려 가슴이 뜨끔하다. 지금 주인의 자리를 탐내는 것은 욕심인 것 같아 풀 뽑기를 그만두기로 했다.

  부처의 눈으로 보면 모든 생물체는 불성이 있다고 한다. 부처 아닌 것이 없는데 사람들의 어리석은 분별심으로 경계를 두고 있다. 나는 불성이 부족하여 어렵게 촉을 틔우고 뿌리를 내려 마당 한편에 자리 잡은 바랭이를 뽑아냈다. 오늘 너를 목마르게 해 미안하다. 내 마음을 엿봤는지 후박나무 위로 어미 새가 날아든다.

박

 농막에 심어놓은 박이 어느새 자랐는지 소박한 모습으로 꽃이 피어나고 있다.
 유년 시절에는 달빛이 들어오는 창문을 열어젖히고 박꽃을 바라보고 있으면 첫사랑 설렘처럼 다가와 눈물이 일렁일 때가 있었다. 행랑채 지붕 위에는 엄마를 닮은 청순미와 동생의 가련미를 닮은 희디흰 빛깔의 박꽃이 앉아 있었다. 박꽃은 안으로 다스려온 그리움으로 노을 진 지붕 위를 하얀 꽃등으로 수놓았다. 모두가 잠든 밤 하얗게 피어나는 꽃은 텃밭에서 돌담 위로 뻗어나가 번성하기도 했다. 깊어가는 가을이 되면 지붕 위에서 오 형제 박들은 몸통을 불리고 마당 가운데 멍석에는 붉은 고추가 해바라기를 하고 있었다. 익어가는 둥근 박과 지붕 곡선이 어우러져 한 폭 풍경화 같았다.

단풍이 물든 가을에 서리가 내릴 때 즈음 지붕 위에서 박을 따 마당가에 갖다 놓았다. 부모님은 멍석 위에 마주 앉아 박을 정성스럽게 톱질하셨다. 박 속은 파내고 커다란 가마솥에 차곡차곡 담아 삶아내셨다. 다 익은 후에 껍질을 벗기고 햇볕에 말리면 짱짱한 박 바가지가 되었다.

바가지는 물을 뜨기도 하고 곡식을 퍼내기도 하면서 생활 용구로 썼다. 항아리에서 약술이 뽀글뽀글 익어가는 소리를 내면 조롱박을 넣어 맑은 술을 떠 할아버지께 드렸다. 옥수수나 감자를 익혀 새 바가지에 들고 다니면서 뜨겁지 않게 먹을 수도 있었다. 언니가 결혼할 때, 현관 앞에 엎어 놓은 바가지는 함진아비가 발로 단번에 박살 내고 들어왔다. 부부로 살면서 풍파를 겪지 말고 살아가기를 바라는 염원이었다. 개구쟁이들은 바가지에 조각을 해서 탈을 만들어 썼다. 그뿐 아니라 콩서리, 닭서리, 참외서리를 할 때 얼굴을 가리는 용도로 쓰기도 했다. 신석기 때는 조개탈로 그 후로는 나무나 바가지로 탈을 만들어 썼다는 구전이 전해오고 있다. 바가지의 용도는 다양했다.

어머니는 바가지를 여러 개 걸어두고 필요에 따라 사용하였다. 찬장에 유기로 된 놋그릇이 진열되어 있어도 들에 나갈 때는 바가지를 가지고 가셨다. 가볍기도 했지만 바가지의 하얀 속 안에 밥을 담아 비벼 먹는 새참은 꿀맛이었다. 새참을 먹은 후 바가지를 씻을 때에는 밀가루를 풀어 천연수세미로 닦으면 고추장 물까지 씻겨 속을 비운 듯 개운했다.

우리집은 부농이었다. 동네 분들이 장리쌀을 가져가고 가을에 추수하여 갚곤 했다. 수확이 적었던 해에는 새해가 되기 전에 쌀이 떨어지는 집이 많았다. 어머니는 바가지에 쌀을 담아 광목 보자기를 덮어 어른들이 계시는 집에 할머니 몰래 전해 드렸었다. 어머니 심부름을 가다가 할머니와 마주칠 때면 놀라서 쌀이 담긴 바가지를 떨어뜨려 박살이 났다. 쌀이 흩어져 길 위에 자갈 속에 숨어들었다. 헐떡거리며 어머니 품 안에 안기는 나를 보고 "할머니를 만났구나, 놀라지 않았니?" 하시면서 꼭 안아주셨다. 바가지와 빗자루를 들고 흩어진 쌀이 있는 길에 다시 돌아갔더니 누군가가 쓸어가고 없었다. 그런 날에 할머니는 어머니 저녁밥을 굶게 하셨다. 박꽃을 바라보고 있으려니 지난날이 알 수 없는 그리움으로 아련히 떠오른다.

농막에는 박덩굴과 호박덩굴이 경쟁을 하고 있다. 호박덩굴은 땅으로 기고 박은 소나무를 타고 오른다. 백송나무에 다섯 덩이가 달리더니 가지가 휜다. 호박 줄기보다는 박 줄기가 더 우세인 것 같다. 추석에는 박을 따서 탕국을 끓이고 조청에 박고지를 함께 졸여 박정과를 만들고 나머지는 등으로 만들어 가라앉은 마음을 박꽃처럼 환하게 밝혀볼 생각이다.

담금질

길옆 옥수수밭에는 꽃 수술 방이 성장을 멈추고 힘없이 흐느적거린다. 하루 이틀 사이에 비가 내리지 않으면 옥수수 수확은 어림도 없을 것 같다. 옥수수밭을 바라보고 있는 농민들의 마음도 옥수숫대처럼 타들어 갈 것이다.

남편이 벼 포기 사이에 있는 피살이를 하고 농막으로 가자며 밀짚모자를 쓴다. 오랜 가뭄으로 논바닥은 실금이 가도록 말라있다. 농사용 전기 스위치만 올리면 지하수가 펑펑 솟아오르는데 왜 벼를 목마르게 하는지 모르겠다. 자기도 목 좀 말라봐야 말 못 하는 벼의 고통을 알지 싶어 남편에게 가져다주려던 생수 생각을 접었다.

논 옆으로 농가 두 채가 있다. 차를 주차하고 대문이 열린 집으로 들어가 불러도 아무런 기척이 없다. 대문 밖으로 나와 헛간 속에 있는 의자 위에 앉았다. 차 안보다 훨씬 시원했다. 해가림 천장만 있고 훤히 트여 있으니 바람이 사방에서 불어왔다. 논에 들를 때마다 헛간에 두 양주분이 더위를 피해 앉아 대화하고 계셨다.

 주차된 우리 차 옆으로 흰색 자가용이 미끄러지듯 들어와 주차했다. 차 문이 열리고 할머니가 보였다. 할머니의 아들도 운전석에서 내렸다. 아들이 뒷좌석의 차 문을 열어주는데도 할머니는 내릴 생각이 없어 보였다. 나는 할머니 쪽으로 걸어갔다. 할머니는 발에 깁스를 하고 계셨다. 내가 다리 한쪽을 들어 드리니 그제야 할머니는 간신히 차 밖으로 한 발을 내디디셨다.

 깁스한 발이 둔스러운 할머니는 내가 보기에도 몸이 굼떴다. 아들이 차 문을 닫아야 하니 빨리 옆으로 가시라고 성화를 했다. 남의 아들이지만 뺨이라도 한 대 올려붙이고 싶은 걸 참았다. 할머니가 땅바닥으로 쓰러지셨다. 보조 보행 기구를 앞에 두고 일으켜 세워 잡게 해드리고 대문 앞까지 보살펴 드렸다. 아들은 쓰러진 어머니는 챙기지도 않고 집에 들어가서 코빼기도 보이지 않았다.

 논 쪽을 향해 남편을 쳐다보았다. 피살이가 끝났는지 장화는 씻어 논둑에 두고 얼굴을 씻는 남편의 모습이 눈에 들어온다. 수건을 가져다주고 논을 바라보니 물을 대고 있다. 남편이 차 안에서 말한다. 직접 농사를 지어 본 적이 없으니 옆 논이 물을 대면 물을 대고 물을 빼면 자기도 뺀다고 했다. 논을 말리는 이유는 모든 자연은 담금질이 필요하듯 벼도 담금질을 시키는 거란다.

담금질은 논에 물을 빼주면 벼 뿌리들이 물을 찾아 깊게 내리박히게 되면서 태풍이 와도 견딜 수 있게 하는 것이라고 했다. 벼가 목마름을 견디고 스스로 깊게 뿌리를 내리며 살길을 찾을 수 있도록 자립심을 키워주는 것이었다.

어르신과 아들 이야기를 했다. 깁스를 하셨는데 아들이 살갑지 않아 마음이 편치 않다고 했다. 어르신은 아들이 안타깝다는 듯한 표정으로 논을 바라보며 담금질 이야기를 하셨다. 어르신이 농사지을 때는 벼가 익는 시기를 지켜보며 정확하게 논에 담금질을 해주었는데 자식을 키우는 일은 생각 같지 않았다고 했다. 논에 물을 대고 빼는 것처럼 아들도 때론 야단도 치며 바르게 키웠어야 했는데 그저 귀하게만 키워 버릇이 없다고 했다. 아들을 나무라기 전에 당신이 자식을 잘못 키웠으니 누굴 원망할 수도 없다고 했다.

어르신의 아들 이야기를 들으며 우리 애들을 생각했다. 나는 올망졸망한 다섯 남매를 두고 밤낮없이 건설 현장을 누비고 다녔다. 아이들이 엄마 손이 필요한 시기에도 부모 노릇을 못 하고 삶의 현장에서 헉헉거렸다. 나 역시 아이들에게 담금질을 해주지 못하고 살았다.

아이들에게 엄마의 자리를 채워주지 못했지만, 다행히 아이들은 반듯하게 잘 자랐다. 늘 가뭄에 목말라 하는 작물들처럼 사랑에 목말라 했던 우리 아이들은 힘든 일도 스스로 하는 장한 아들딸로 성장했다. 남편과 나의 바쁜 일상을 보고 자란 아이들은 남매끼리 스스로 담금질을 하며 어려운 상황을 대처하는 슬기로움을 배운 것 같다.

논을 뒤로하고 다락리 농막으로 향했다. 시든 호박넝쿨 사이로 애호박이 달려 있다. 얼른 애호박을 땄다. 애호박으로 가는 양분을 넝쿨에 나눠주기 위해서다. 대문을 열고 들어가자 해태상 위 배롱나무에 분홍색 꽃이 피었다. 행운이 오려나 하는 생각으로 기뻤다.

마당에 차를 주차하고 텃밭에 갔다. 우리집도 가뭄을 비켜 가지 못해 옥수수가 꽈배기처럼 배배 꼬여 몸통까지 돌아간다. 터질 듯이 잘 익은 토마토와 통통한 가지를 따서 가방에 넣고 오이는 오톨도톨한 것을 씻어내고 먹었다. 생각했던 것처럼 쓴맛이 강하다. 오이도 가뭄에 담금질을 했나 보다. 스스로 몸을 지키기 위해 자라는 것을 둔화시킨 것 같아 안쓰러웠다.

대문을 나서다가 되돌아가 오이에 물을 흠뻑 주었다. 금방 푸른빛이 감돌았다. 아들이 뉴욕에 있는 동안 나는 가뭄으로 타들어 가는 농작물처럼 몸무게가 줄어들고 불면증에 시달렸다. 아들이 뉴욕에서 돌아와 한국에서 대학원을 마치고 석사학위를 받던 날, 나를 담금질 한 것은 내 아이들이었다며 환하게 웃었다.

함께 보는 풍경

　가끔 농막으로 가서 마당 주위를 돌아보며 꽃과 인사를 한다. 잔설 사이로 피는 하얀 매화향이 농막의 주인이 되어 기다릴 때는 내 자식처럼 반갑기 그지없다. 농막 지을 자리를 잡고 조경석을 쌓고 작은 연못을 만들고 담장은 낮고 마당이 훤히 들여다보이는 펜스로 하고 주황색 벽돌로 푸른빛과 어울리게 벽체를 올렸다. 기와는 붉은 기와를 얹어 하늘 기운을 받도록 하였다. 벽체를 하얀색 페인트로 칠을 하면 더욱 아름답겠다는 생각을 했다. 유럽처럼 백토가 많다면 얼마나 좋을까 하는 생각에 아쉬움이 크다.
　봄이 되면 꽃대가 쏙 올라오는 산나리와 원추리로 봄을 담장 밖에 알렸다. 작은 연못 주위에 심은 대나무가 죽순을 내어주고 바람에 사각대는 소리가 발길을 멈추게도 했다. 미선나무에서 풍기는 향기는 하늘 선녀 옷에서 나는 향기처럼 쉼 없이 코를 벌름거리게 한다. 송이송이 춤추는 꽃잎 사이로 나비와 벌이 살림을 차리고 정원 가득 핀 붉은 영산홍과 흰 영산홍은 새색시 시집가는 때처럼 아름답다.

청주에서 15분 거리에 있는 농막에는 풍경이 있고 공기 또한 상쾌하다. 철마다 피는 꽃이 다양해서 지나는 사람마다 집 안을 기웃대며 행복한 미소를 짓는다. 일상을 농막에서 보낸다면 봄이면 꿀차, 여름이면 시원한 매실차, 가을이면 두충차, 겨울이면 쌍화차로 함께할 텐데 지금은 머무는 눈길에 따스함을 나눌 수 없어 안타깝다. 여름에는 작게 맺은 호박꽃을 눈에 선물하고 담장 주위로 올라가는 가는 줄기에서 바람에 흩어지는 더덕 냄새로 농막에서의 한가한 행복을 만끽한다. 7월 초순에는 밭둑에서 피어나는 하얀 도라지꽃의 순수함이 보라색 도라지꽃을 잊게 한다.

늦은 아침을 먹고 농막에 도착했다. 농막 안으로 오르는 계단 옆 배롱나무가 분홍꽃을 활짝 피웠다. 장독에 호수로 물을 뿌려 장독을 닦을 때 무지개가 물보라 속에 뜬다. 배롱나무꽃과 어울려 나비가 춤추듯 아름답다. 산에서 내려오는 동네 분들이 대문 안으로 들어선다. 하던 일을 멈추고 시원한 매실차를 대접했더니 갈증이 해소됐다고 좋아하신다. 우리 이웃하며 함께 공유하는 집이 되어 아름다운 풍경을 담장 밖에서가 아니고 가까이서 즐겨보자고 한다.

　나는 지금 문학의 꽃을 피우려 한다. 늦은 나이에 시작하는 문학이지만, 다른 사람이 한 발짝 뛸 때 세 발짝 뛰려 한다. 씨를 심었지만, 발아가 되지 않는다면 딱딱한 겉껍질을 벗겨내고 촉을 틔우려 한다. 촉이 트고 나면 수분과 온도와 영양을 맞춰주기만 하면 꽃이 피고 열매를 맺지 않을까 생각하고 있다.
　농막을 짓기 시작하면서 설계에 의해 건축했지만, 정원을 가꾸고 꽃을 피우고 한 것은 남편의 부지런함 때문이다. 내가 글꽃을 피우고자 하는 것은 처음 시작은 정말 미미한 생각에서 시작되었다. 아이들이 각자의 자리에서 우뚝 섰는데 나는 뒤처진 뒷방 할매인 것 같아 아이들과 함께 가기 위해 시작했다.
　지금은 다르다. 책을 엮어 한 줄 속에서 읽는 이가 감동을 하고 위로를 받고 살아가는 데 힘이 된다면 내 생의 마침표를 찍는 날까지 쓰려 한다. 지금 쓰고 있는 글들이 혼자서 보는 글이 아니라 여러 사람이 보는 풍경으로 덧칠되기를 바란다.

도자기 빚는 마음

 경기도 이천 사기막골에 가서 도자기 구경을 하기로 했다. 관광안내소에 들러 다양한 정보가 담긴 팸플릿을 얻은 후 도자기 공방으로 향했다.
 남편은 백자 달항아리를 보며 행복해했다. 달항아리에서 느끼는 감성은 명주 두루마기 살갗에 닿는 것처럼 느껴져 할아버지 생존하셨을 때 모습이 떠오르게도 한다. 대문 안으로 부드럽고 차름한 명주 두루마기를 입으시고 외출하셨다가 돌아오시던 할아버지 모습이 눈앞에 아른거린다. 도자기가 만들어지는 공정을 보게 되면 도자기가 완성되기까지 많은 과정은 땀방울의 결정체라는 것을 알게 된다.
 고향 뒷동산에는 백토로 된 조대흙이 나오는 곳이 있었다. 공작 시간이 되면 조대흙을 찰지게 치대고 반죽하여 토끼와 공깃돌을 만들었다. 그것을 그늘에서 말려도 실금이 생겼는데 그러면 조대흙을 묽게 풀어 실금 간 곳에 덧칠하고 또 덧칠하다 보면 매끈한 공작물이 되었다. 어머니의 립스틱으로 토끼의 눈을 빨갛게 칠하면 깡충거리고 뛰어다닐 것처럼 생기있는 토끼가 완성되었다.

사기막골에서는 도자기 만드는 체험도 가능하다. 아들이 유치원에 다닐 때 체험 학습장으로 이곳에 온 적이 있다. 물레를 직접 돌리고 작은 컵을 만들던 진흙 묻은 고사리 같은 손이 생각났다. 기본형으로 만든 컵에 유치원 이름을 쓰고 하트를 그려 넣었던 그 컵은 가마에 구워 일주일 후에 유치원으로 보내왔고 지금은 결혼한 아들 집에서 한 자리를 차지하고 있다.

청자의 은은한 색은 숫처녀의 부끄러움을 닮았다. 뉴질랜드에서 보았던 만년설에서 녹아내린 자연 물결과도 그 아름다움이 같았다. 백자를 닮을 때는 또 다른 느낌으로 다가온다. 갓 태어난 아기의 심성 같다고나 할까? 사람에게는 성선설과 성악설 고대 중국에서 주장되었던 도덕 사상의 기초가 되는 인간성을 이해한 내용이 있다. 성선설은 인간에게는 천성적인 양지양능이 갖춰져 있고 인의예지의 사단 도덕의 근본을 갖춘 선한 본성을 의미하는데 백자는 꼭 선한 본성을 가진 선인 같다. 선한 성품만 지닌 아기와 같은 마음을 가지고 도자기를 빚을 때, 좋은 작품이 나오는 듯하다.

불가마에서 갓 나온 백자를 매의 눈으로 살피던 도공은 망치를 든다. 쨍그랑 소리와 함께 파편들이 부서져 내린다. 도공의 땀이 파편 속에 머무는 듯한 순간 도공의 얼굴을 스치고 지나가는 안타까운 눈빛을 보았다. 한 탯줄에 태어난 형제자매도 성격이나 모습이 다르듯이 자기만의 손동작으로 각기 다른 도자기의 형태가 빚어진다. 노력 여하에 따라 제각각 발전하여 인간문화재가 되기도 하고 평범한 도공으로 살아가기도 한다.

우리는 공방을 돌아보고 예쁜 백자 화병을 사서 돌아오는 길에 욕심내던 백자 달항아리도 포기할 줄 아는 나이가 되었음을 알아차리고 서로 쳐다보며 웃는 여유가 생겼다.

글 짓는 것도 역시 도공과 다르지 않다. 주제, 작품성, 철학, 문장력 그리고 정감이 있어야 한다. 수많은 책을 읽고 글을 짓고 지우기를 반복한다. 며칠 동안 쓴 글이 마음에 와닿지 않으면 글자판을 지운다. 흠을 발견한 도공이 정성 들여 구운 도자기를 망치로 깨트리는 것과 흡사하다. 흡족한 글 한 편 완성하고 나면 가슴이 설렌다. 유려한 도자기 역시 도공의 수 없는 수련의 과정이 담겨 있는 아름다운 결실일 것이다.

순백의 달항아리처럼 순수하고 설레게 하는 나라! 평화롭고 정의로운 사회가 결이 고운 도자기를 빚는 도공처럼 순수한 모습이길 바란다.

섬을 품은 바다

 울릉도로 가기 위해 늘어선 줄은 인산인해지만, 마스크로 얼굴을 가린 사람들의 표정은 읽을 수가 없다. 우리도 조용히 씨플라워호에 승선하였다. 유리창 너머로 보이는 수평선은 한 폭 그림처럼 아름다웠다.
 배가 움직이자 고요하던 바다에 높은 파도가 일기 시작했다. 배 선미와 파도가 힘 겨루기를 하다가 물보라를 일으키며 연신 유리창을 두드렸다. 배가 울렁거리자 나도 덩달아 울렁거린다. 혹시나 하는 마음에 멀미약을 먹은 게 다행이었다. 속을 비워 내려고 화장실을 가기 위해 기다란 줄이 만들어지고 배가 흔들리자 사람들은 여기저기 넘어지며 아수라장이 되었다. 여기저기서 위생 봉투에 입을 대고 객객거린다. 냄새로 멀미가 더 심해진다.

울릉도가 가까이 다가오자 '이제 살았구나.' 하고 안심이 되었다. 기쁨도 잠시, 오늘 일정상 바로 독도로 들어간다는 방송이 나왔다. 1년 365일 가운데 독도 땅을 밟을 수 있는 날은 고작 40~45일이란다. 풍랑이 심하면 선착장에 접안하지 못하고 해상에서 마주하는 경우도 있다고 한다.

우리가 탄 배가 독도 가까이 가자 파도가 숨 고르기를 하더니 순한 양처럼 잔잔해졌다. 다행히도 접안을 할 수 있어 우리는 독도 땅을 밟았다. 독도 경비대에 줄 선물을 미리 사다가 전달하면서 가슴이 뭉클하였다. 힘들게 밟은 독도 땅, 몸은 힘들었지만, 감동은 그만큼 컸다.

자연경관을 담아 카페에 올렸다. 함께 천혜의 자연환경을 보여주고 싶었다. 40여 분 짧은 시간을 보내고 뱃머리를 돌려 울릉도로 돌아갔다. 파도가 후미를 밀어주니 멀미 없이 다시 울릉도에 도착할 수 있었다.

호텔에 짐을 풀고 어둠이 걷히기 시작할 즈음 일출을 보기 위해 일출 일몰 전망대에 올랐다. 모두가 피곤한지 잠들어 있고, 나와 남편만이 둘이 손을 마주 잡고 수평선을 바라보았다. 폐부 속 깊숙이 차고 맑은 공기가 들어왔다. 핏빛으로 물들어 가는 바다 위쪽으로 해가 떠오르자 둘이 환호하며 포옹을 했다. 빛나고 성대하고 아름다웠다.

떠오르는 태양 아래, 우리 부부는 한마음이 되었다. 세상에서 가장 좋은 사람, 가장 미더운 사람, 고마우면서도 고맙다고 하지 않고, 즐거우면서도 즐겁다 말하지 않는 가운데 서로 믿고 만족하며 때로는 인내하며 살아온 나날들. 뜨거운 태양처럼 이 순간은 가슴이 벅차고 부부로 살아온 삶에 희열이 넘친다.

우리는 울릉도 주민들의 식수원인 봉래 폭포로 발길을 옮겼다. 저 동항에서 2km 상부에 있는 3단 폭포로 1일에 쏟아져 나오는 물의 양이 3,000t이라고 하니 어마어마하다.

폭포로 가는 길에는 풍혈이 나오는 곳이 있고 삼나무 숲을 이용한 산림욕장과 나무 데크 길과 쉼터가 있어 여행객들의 휴식 공간으로 손색이 없다. 부지런한 새가 먹이를 많이 먹는다는 속담처럼 일찍 일어난 보람이 있어 일정에 없는 곳까지 둘러볼 수 있어 좋았다.

돌아오는 길에는 기암괴석과 각양각색의 형상들을 감상할 수 있었다. 그중에 촛대바위는 조업 나간 아버지를 기다리다 돌이 되었다는 전설이 있었다. 섬 특성상 고기잡이가 생업이었으니 그림직한 이야기였다.

점심 식사를 위해 들어간 식당의 유리창 너머로 보이는 바다는 순한 양처럼 잔잔하였다. 이따금 흑비둘기만 끼룩끼룩 낮은 날갯짓을 했다. 차 위에도, 도로 위에도 갈매기가 배설물로 지도를 그려놓았다. 육지 사람들이 갈매기들의 먹이 사냥 본능을 도태시켜 놓았다고 식당 주인이 불평했다. 사람들이 새우깡을 줘서 갈매기들이 물고기를 잡는 번거로움을 더 이상 하지 않는다고 했다. 더욱이 기름에 튀긴 새우깡을 먹고 묽은 변을 본다고 했다. 여행객들이 생태계를 파괴하는 행위를 한다고 하니 맞는 말 같기도 하다. 우리도 같은 잘못을 해서는 안 될 것 같다.

　오전에 출발하여 뭍으로 나간다고 하니 멀미 생각에 전날부터 긴장이 되었다. 우리는 매표를 받고 시간이 되기를 기다렸다. 30분 정도 지나자, 파도가 높아 출발 시각이 지연된다는 방송이 나왔다. 그 후 13번 정도 같은 안내 방송이 되풀이되다가 결국 오늘은 뭍으로 갈 수 없게 되었다. 우리는 묵었던 호텔로 다시 돌아갔다.

　섬은 바다가 품고 섬 안에 있는 우리도 품었다. 들어올 적에는 우리를 밀어내더니 독도에서는 땅을 밟을 수 있게 허락하였다. 3대가 복을 지어야 독도 땅을 밟을 수 있다고 하더니 복을 받고 태어난 우리를 뭍으로 보내기 싫어 하룻밤 더 묵고 가라고 풍랑이 일었나 보다.

　창망(蒼茫)하기 그지없는 바다. 그 깊이도 측량을 모르는 바다는 때때로 예고 없이 무서운 풍랑을 일으키기도 한다. 큰 꿈을 가진 자, 넓은 것을 보고자 하는 자는 바다를 보라고 하였다.

　새벽 3시가 되어서야 우리는 배에 탈 수 있었다. 바다는 고요하고 우리 또한 조용했다. 들어올 때는 상충하여 밀어내던 바다가 오늘은 조용히 뒤에서 밀어주니 멀미도 없이 뭍으로 돌아올 수 있었다.

휴식

 삶이 아름다운 이유는 태어날 때와 자연으로 돌아갈 때 기쁨과 슬픔이 공생하기 때문인 것 같다. 언제부턴가 산천을 보며 묘지가 아름답다는 생각을 하게 됐다.
 질긴 생명체인 사람들은 식물들과 함께 살아가고 있다. 산을 걸어가다 보면 괴로움이나 힘듦은 다 날려버리고 환희만이 따스하게 빛난다. 삶의 번뇌를 떨쳐버리고 봄바람처럼 자유를 만나는 날 군더더기가 덕지덕지 붙은 영혼을 맑은 영혼과 교체하는 날이 산에 눕는 날이 아닐까?

 가묘를 만들어 놓고부터는 잘 가꾸어진 묘지를 봐도 무덤덤하다. 마음 가득 흡족하게 갖춰놨기 때문이다. 금잔디와 연산홍을 심고, 장군좌이니 승리의 붉은 깃발을 상징하는 아홉 그루의 적단풍 나무를 심었다. 사후에 들어갈 내 집에 가면 마음이 가라앉고 한동안 무념 상태가 된다.

생각이 끊어진 자리는 고요가 있고 평화가 있다. 살아가면서 한 번씩 휴식이 필요할 때가 있다고 생각한다. 공무원에 합격한 셋째는 3개월 동안 물 먹는 것을 참고 시험 준비를 했다면서 화장실에 가게 되면 공부의 흐름이 깨어진다나….

발령이 나기 전, 셋째를 데리고 일본 여행을 했다. 감물에 시들어가는 나뭇잎처럼 활력이 없던 셋째는 조금씩 생기가 돌기 시작했다. 휴식의 필요성을 실감했다.

공항에서 부산 동서에게 전화했다. 풍광이 좋은 곳에 작은 아파트를 매입할 계획이니 부동산에 부탁해 달라고 했다. 며칠 후 매물이 있다는 전화가 왔다. 조치원에서 무궁화호를 타고 부산으로 향했다. 모처럼의 기차여행이었다. 수학여행 때처럼 친구들과 왁자지껄 이야기하며 가던 설렘은 아니지만, 낭만과 따스함이 아직도 느껴지는 여행인 것 같아 흐뭇했다.

부산역에 도착하니 동서가 기다리고 있었다. 태종대로 가는 길에는 영도다리가 있고, 펼쳐진 바다 위에는 정박된 여러 채의 배가 있었다. 첫 번째 매물은 한 면은 산이 보이고 두 면만 바다가 보이는 깨끗하게 모두 수리된 매물이었고, 두 번째 본 매물은 맑은 날에는 대마도가 왼쪽으로 보이고 오른쪽에는 거제도가 보였다. 5백만 원 차이뿐이니 후자 것으로 계약했다. 업자를 선정해 리모델링을 동서에게 부탁하고 청주로 향했다.

20일이 지난 후 리모델링이 끝났다는 연락을 받고 내려가 보니 흠잡을 곳 없이 잘 되어 있었다. 동서와 함께 필요한 집기류와 가전제품, 이불 등을 사서 정리해 놓고 집으로 향하는 발걸음은 새털처럼 가벼웠다. 앞만 보고 쉼 없이 돈을 좇아 달렸던 시간의 보상으로 지금은 마음 가는 대로 할 수 있다는 게 감사한 날들이다. 우리 가족뿐 아니라 신세진 분들에게도 쉬고 올 수 있도록 마음을 냈다.

섣달 그믐날, 온 가족이 우리의 쉼터 태종대로 향했다. 거실에 누워 밤하늘도 볼 수 있고, 바다 위에 떠 있는 배를 보면서 여행을 하고 싶다는 생각이 들었다. 정박되어 있던 배들은 밤이 되니 불야성을 이루고, 한 마을이 옹기종기 모여 사는 듯 보였다.

1월 1일 베란다에서 해 뜨는 광경을 보기 위해 이불로 감싸고, 베란다 문을 활짝 열고 일렬종대로 서서 바다를 바라보았다. 알싸한 바다 내음과 찬바람이 코끝을 스치고 지나갔다. 하늘과 바다가 붉은빛이 감돌기 시작하더니 용광로처럼 붉은 해가 눈부신 빛을 뿜어내며 떠오르기 시작했다. 숨소리조차 죽이며 보고 있는데 막내를 선두로 함성이 터졌다. 해 뜨는 장관을 아파트에서 볼 수 있다는 게 축복인 것 같아 가슴 벅찼다.

우리 가족은 아침 해장을 하기 위해 해안도로를 걸었다. 해녀의 집이 보였다. 바닷가 널브러진 바위에 자리를 잡고 앉았다. 해장국이 아닌 해녀들 아침 식사 대용으로 끓인 성게알 미역국을 먹을 수 있는 행운도 함께했다. 아침이지만 해녀들에게 감사한 마음으로 전복회도 시켜 먹었다.

　태종대 바다 위에서 배를 타고 해맞이를 하신 분들이 부둣가에 내리고 있다. 우리 가족은 배를 타고 바다 위를 한 바퀴 유람하며 태종대 유래에 대해 설명을 들었다. 하룻밤 더 쉬어가기로 하고 국제 시장에 들러 쇼핑을 하고 황복으로 점심식사를 한 다음 아파트로 돌아와 휴식을 취했다.

삼대 나들이

 할아버지 손을 잡은 7세와 3세 손녀들의 모습이 보석처럼 예쁘다. 정동진에서 모래시계 박물관에 눈이 머물고 해수욕장에서는 꽃잎 같은 발자국을 남겼다. 파도가 밀려와 우리가 남긴 발자국을 물살로 지우며 새로운 길을 내어준다. 우리의 길은 지워지고 손주들의 새로운 길이 만들어진다.
 손금 보는 도사에게 내 손바닥을 펼쳐 보이며 앉았다. 무슨 인생사를 듣고자 바닷바람이 간질이는 모래언덕 작은 텐트에 앉아 있는가. 운명은 이미 타고난 것이거늘. 아름다움을 추구하고 현실 앞에 최선을 다하는 것이 인생이라고 생각하며 간이의자에 앉아 있는 나 자신을 보며 부끄러워 웃는다.
 남편도 사위도 내 옆에 서 있다. 모두가 바닷바람 같은 웃음꽃이 피었다.

태백의 오투 리조트에서 바라보는 골프장은 손님이 없어 여유로웠다. 우리는 태백시장에 있는 해장국집에 들어갔다. 보글보글 끓는 소리가 요란하다. 혹여 손녀 손이라도 데일까 조심스럽다. 많은 손님으로 식당은 아수라장이다. 피서 왔던 분들이 맛집을 찾아 들른 게 이곳인 것 같다. 손녀에게 식힌 복국에 밥을 말아주니 팔 길이보다 기다란 어른 수저로 떠서 그럴듯하게 입으로 밀어 넣는다. 오물거리는 입만 쳐다봐도 배가 부르다.

식당에서 큰길 하나만 건너면 황지 연못이 있다. 황지 연못은 태백 시내 중심부에 있으니 시민들의 자랑이자 보물인 셈이다. 용소에서 찬물이 뿜어져 나온다. 맑고 시원한 물줄기 공원 전체가 시원하다.

우리는 연못을 가로질러 놓인 징검다리 위에서 손도 씻고 물장난도 했다. 손녀들이 깔깔 웃는다. 물처럼 맑은 웃음을 공원에 오신 분들이 휴대폰에 담는다. 공원 중앙에는 황지연못에서부터 물을 이동하여 분수를 설치해 놓았다. 햇살 사이로 뿜어져 흩어지는 분수가 무지개를 뜨게 한다. 자연과 어우러진 무지개는 비 온 뒤 산에 걸리는 그것만큼 찬란하다. 황지 공원의 커다란 비석 아래 깊이를 알 수 없는 100m의 소에서 하루 5,000톤의 물이 용출되는데 낙동강 1,300리의 발원지로 매년 6월 낙동강 발원제가 열린다고 한다.

물이 솟아나는 황지연못 주위에서 춤추며 노래하는 7세 손녀와 3세 손녀를 보고 주위를 청소하는 관리인이 "어디서 오셨어요. 손녀들 재롱 속에 사는 할아버지 할머니 모습이 행복해 보이네요." 한다. 관리인은 자녀와 떨어져 살고 있다고 했다. 외로움을 잊기 위해 봉사하며 마음을 달랜다고 했다. 슈퍼에 가더니 얼음과자를 사다가 손주들 꼬막손에 쥐여 주신다. 쭈쭈바를 얼음과자라고 하는 것을 보니 연세가 많으신 것 같다. 관리인의 모습을 보면서 태백 분들은 감자처럼 인심도 둥글둥글 한 것 같다는 생각을 했다.

이곳에서 멀지 않은 곳에 검룡소가 있으니 가보자고 남편이 말했다. 남편은 군 생활을 강원도에서 했으니 지리와 명소를 많이 알고 있다. 금대봉 기슭에서 솟아나는 물이 지하로 스며들어 검룡소에서 다시 솟아 나오는 514km 한강 발원지라고 한다. 우리나라 최장 발원지이다. 검룡소까지는 자갈길로 손녀들과 함께 올라가기는 힘들었지만 땀 한 방울 나지 않았다. 쏟아지는 검룡소의 물은 사계절 9℃ 정도라니 피서지로 안성맞춤이다.

암반에 물이끼가 자라고 있어 신비가 더했고 3일 후면 한강대제가 열린다고 준비 중이었다. 참고로 8월 첫 번째 일요일이 한강 대제의 축제 날이라고 홍보했다. 삼대가 오순도순 가다가 머물다 하며 특별한 계획 없이 해안도로와 해양박물관과 모래시계를 돌아보며 행복했다.

홍송의 빼어난 자태는 우리 아이들이 올곧게 자라고 각자 제

자리에서 책임을 다하며 성실히 삶을 일구고 있는 자식들의 모습과 같다.

　손주들은 인생의 봄 싹이다. 자손들을 잘 가꾸어 내는 일은 인생의 가장 뜻있는 일이며 최대의 목표이다.

　손녀들의 재롱에서 행복을 느끼고, 삼대 나들이에서 무지갯빛 희망을 보았다. 그 희망은 용소에서 뿜어져 나오는 시원한 물줄기를 닮았다.

아름다운 홍천을 꿈꾸다

  강원도 홍천군 서석면 조조울 풍암 발전소 고모님 댁을 먼지가 폴삭폴삭 나는 비포장도로를 달려 다녀온 적이 있다. 30년 전 일이다. 울창한 소나무숲과 맑은 계곡이 어우러져 심신이 상쾌했다. 궁벽한 땅을 촉촉이 적시며 쭉쭉 뻗은 홍송 사이를 내촌천과 덕지천이 합쳐져 흘렀다. 내천은 다시 홍천군의 중앙을 지나 청평호로 합쳐지고 수백 킬로미터를 흐르는 홍천강에서 풍암 발전소를 운영하면서 서석면 전체 전기 공급을 하던 곳이 고모님 댁이었다. 고모님을 생각하면 그리운 전설 같은 이야기가 꿈틀꿈틀 홍천을 향해 올라온다.

  지난해 겨울, 수북이 쌓인 눈길을 더듬어 월정사에 다녀왔다. 아름드리 전나무가 호위하듯 서 있었다. 원로 스님에게 삼배를 드리고 법문을 듣고 일어섰다. 스님은 가는 길에 월정사 말사 수타사에 들러보라고 했다. 고모님 댁에서 멀지 않은 곳이니 수타사에 들러 고모님 댁으로 가기로 하고 홍천군 덕면 덕치리에 있는 공작산으로 향했다.

  수타사에 들어서니 월정사처럼 웅장한 고찰의 맛은 없지만 정겨움이 가득하다. 대적광전 유형문화재 17호 중심법당이 있고, 홍회루 심우산방이 있는데 수령 500년 된 아름드리 주목이 있다. 설에 의하면 노스님이 사용하던 지팡이를 땅에 꽂았더니 움이 잡귀로부터 수타사를 보호하는 나무가 되었다고 한다. 또한, 임진왜란 때 화마가 삼킨 것을 인조 14년 중찬한 사찰이다. 다른 사찰에 없는 성황당이 사찰 안에 있었던 것을 철거하고 관음전 신축을 위해 터를 닦아 놓은 상태다. 옛것을 보전하지 못한 아쉬움이 바람결에 실어온다.

  홍천읍 희망리 성터를 비롯하여 불교문화가 꽃피던 곳 유적과 유물이 다른 군에 비해 많다.

  수타사를 돌아보고 홍천군 서석면 일대 동학 농민군의 항전지로 역사가 서려 있는 고장을 돌아보며 민초들의 애끓는 애국심에 감사한 마음과 함께 안타까운 마음이 들었다.

  어디선가 향긋한 허브향이 가슴을 설레게 한다. 피곤할 때면 허브 마사지를 하고 허브 향수로 심신을 달래고 허브로션으로 거친 살결을 보드랍게 하는 허브 마니아인 나에게 향기로운 허브향이 오래된 벗처럼 맴돈다. 홍천군 화촌면 장평리를 지나는 길에 아로마 허브동산 팻말이 보인다. 차를 농장 가까이 댔다. 내 몸의 모든 기관이 허브향에 취한 듯했다. 여독이 사르르 녹아내린다. 내가 좋아하는 페퍼민트 제라늄 잎에 손끝을 갖다 댔다. 보송보송 작은 솜털의 감촉이 느껴진다. 허브 농장은 서석 방향 10km에 있으니 고모 댁과 짧은 거리에 있어 좋았다.

1895년 지방제도 개편에 따라 춘천부 홍천군에서 강원도 홍천군이 되어 지금에 이르고 있다. 보리울에는 우리 나라꽃인 무궁화동산이 있고, 남궁억의 고귀한 정신을 기리는 한서 문화재 홍천읍 희망리 당간지주가 주택가에서 소음과 먼지에 찌든 (보물 제 80호) 모습이 안타깝다.

수타사 부처님의 염화미소가 마음을 맑게 하고 맑은 물이 도도히 흐르는 강에는 고기들이 노닐고 있다. 소나무향과 허브향이 어우러진 홍천에서 사랑하는 남편과 함께 사는 꿈을 꾸었다.

달기약수백숙

토마토 주스를 한 잔씩 마시고 청송으로 향했다. 차창 밖으로 더운 열기가 아지랑이처럼 피어오른다. 노약자는 외출을 삼가라는 문자가 시에서 전송되었다. 아침 방송을 보다가 초복 달임으로 청송 달기약수백숙이 소개되는 것을 보고 길을 나서게 되었다. 고속도로 양옆으로 보이는 산은 짙푸름을 넘어 나무는 검게 보이고 비닐하우스도 보였다. 더운 열기를 빼느라 하우스 문이 열려 있고 가끔 사람의 모습도 보였다. 지금은 섭씨 35℃, 하우스 안의 온도는 40℃를 오르내릴 텐데 그 속에서 일하는 사람이 열사병에 걸리면 어쩌나 걱정이다.

나는 청송에 가면서 달기백숙보다는 꽃돌에 더 관심이 갔다. 몇 년 전 조양산으로 산행을 가다가 들른 청송에서 꽃돌을 마주했다. 돌 속에 목단꽃도 피고 국화꽃도 흐드러지게 피어 있었다. 해바라기 꽃돌 속에는 꽃 수술까지 섬세했다. 현미경으로 보면 더 섬세하다. 앵두꽃은 무리 지어 피었다. 어쩌면 꽃보다 더 섬세한 꽃이 돌 속에 피어 있었다. 조양산행을 중간에 포기하고 약수도 먹고 꽃들도 구경을 하다가 목단이 핀 꽃돌 하나를 구입했었다.

두 시간을 달려 청송에 도착하니 도로 옆에 있던 약수들은 보이지 않고 꽃돌을 취급하는 매장도 보이지 않았다. 잘못 왔나 싶어 차에서 내려 둘러보았다. 상판, 중판, 하판으로 나누어 약수탕이 보이고 주위는 온통 달기약수백숙이라는 간판뿐이다. 우리는 먼저 약수탕으로 갔다. 한 컵 정도의 물이 고이면 약숫물을 뜨고 다시 고이면 뜨고 해서 해질녘까지 한 통이나 채우려나 걱정이 되었다.

물 받는 분에게 작은 조롱박을 내밀었더니 물을 담아준다. 남편에게 먼저 주고 나도 한 모금 먹어 보았다. 초정약수보다 조금 센 맛이다. 약수터에서는 달기엿을 팔고 있어 맛보기 위해 하나를 사서 먹었다. 엿은 엿일 뿐 다른 특별한 맛은 없었다. 유명하다는 달기약수백숙집을 찾아 주문하고는 살며시 주방을 들여다보았다. 대형 압력솥 20개가 가스 불 위에 올려져 있고 차각차각 픽픽 돌아가는 소리와 김빠지는 소리 그리고 열기와 김으로 주방이 가득 차 있다.

우리는 개울물이 흐르는 옆 평상 위에 앉았다. 물바람이 솔솔 불어온다. 그늘막 아래라 햇볕이 강하지 않았다. 옆 평상에는 다른 집 아들 내외가 부모님을 모시고 와서 기다리다가 백숙 상차림을 받았다. "아버님 어머님 많이 잡수이소." 말뿐인 인사치레를 한다. 경상도 말이라 어감도 투박하다. 젊은 내외는 서로 많이 먹으라며 서로가 그릇에 담아주면서도 연로하신 부모님을 배려하는 모습은 없다. 안타까웠다. 내가 기운이 쇠할 때 옆자리 어르신같이 푸대접을 받는다면 어떤 느낌일까? 쓸쓸한 마음이 얼음장 밑으로 흐르는 물 같지 않을까 생각해본다.

달기백숙은 담백한 맛이 일품이었다. 밑반찬 역시 토종재료로 만들어 깔끔한 맛이 입맛을 사로잡았다. 옛날부터 초복 중복 말복에는 삼계탕을 먹어 더위를 이겨냈다. 지금은 보양식 종류도 많아 자라탕, 사철탕, 장어탕, 삼계탕, 염소탕 일색이다. 몸속 열을 땀으로 배출하고 다시 원기를 돋우는 음식으로 채워주니 선조들이 얼마나 지혜로웠는지 짐작이 간다.

청주로 오는 길 꽃돌이 있는 집을 찾아보았다. 한 집밖에 없다. 뒷동산이 앞산처럼 낮아질 정도로 꽃돌을 채취하여 돌이 없다고 했다. 청송 꽃돌은 유네스코에 등재되어 지켜야 하는 유산이 되었으며, 힘든 작업이라 후학이 없어 안타깝다고 했다. 마음에 드는 꽃돌이 있어 가격표를 보니 천만 원이라 눈 구경으로 만족해야 했다.

비치로드길 여행

 새벽 6시, 여백회 회원들과 만나 수다를 떨었다. 동양일보 길 여행 1호차와 2호차가 열을 맞춰 우리들 앞에 와 멈췄고 우리 일행은 2호차에 승차했다. 버스 안은 시원하고 조용했다. 느리게 걷는 길 여행으로 삶을 뒤돌아보는 여행길이 되기를 바란다는 동양일보 회장님의 인사 말씀이 있었다. 각기 다른 문학단체 회원들과 길 여행 플래카드를 들고 80여 명이 추억도 담았다.
 비치로드길로 천천히 들어섰다. 바다와 산기슭이 맞닿아 있다. 바다 냄새를 품고 나무들은 피톤치드를 뿜어주어 더위를 날려주고 흐린 날씨처럼 웅크리고 있는 뇌에 신선한 산소를 공급해 주었다. 나무로 된 계단을 올라가는데 따각따각 구두 소리가 뒤따라온다. '산길에 웬 구두?' 뒤를 돌아보았다. 징을 박은 구두를 신은 학생이었다. 따각따각 탬버린 소리처럼 정겹다.

계단을 오르니 평지길이 나왔다. 그러나 평지 길은 짧았고 그 앞에는 가파른 오솔길이 떡 버티고 있었다. 숨은 턱까지 차고 땀은 등골을 타고 허릿단을 넘어 흐른다. 옷과 살이 붙어버려 걸음이 불편했다. 그늘을 찾아 앉았다. 아버지와 아들이 앞서거니 뒤서거니 걷는 모습이 좋아 보였다. 잘생긴 30대 아들이 아버지 앞에 널브러진다.

세상살이와 비슷한 모습이다. 고지를 향해 가다 보면 험한 길도 만나고 평탄한 길도, 더러는 낭떠러지를 만나기도 한다. 호흡을 조절하면서 걸었다. 나도 할 수 있다. 젊은 사람들에게 짐이 되고 싶지 않았지만, 너무 가파르다. 숨소리가 쉭쉭 성근 겨울바람 소리를 낸다. 잠시 숨을 고르느라 바다를 내려다보았다. 맑고 푸른 바닷속에 전라로 목욕하는 모습이 보인다. 문득 사진을 찍어 목욕 표지를 하고 싶다는 생각이 꿈틀거리지만 참았다. 시선을 돌려 수평선을 바라보았다. 잔잔한 물결이 은빛으로 반짝거린다.

드디어 고지에 도착했다. 땀으로 목욕을 하고 시원한 바닷바람에 땀을 말린다. 이제부터 내리막길이다. 오를 때보다 더 조심해야 한다. 좁고 비탈진 길을 오르고 올라 고지에 도착했는데 내리막길은 미끄러지면서 쉽게 내려와 합류지점에 도착했다. 완주해 도착한 사람은 몇 사람 되지 않았다. 시원한 차 안에서 늦게 오는 분들을 기다렸다. 가끔 한 명씩 가쁜 숨을 쉬며 차에 올랐다. 도착시간이 훌쩍 지났는데 아직도 빈자리가 많았다.
 정상에 도착하는 과정은 힘들었지만 해냈다는 만족감으로 뿌듯했다. 내려오는 길 삶을 뒤돌아보았다. 털어낼 것은 털어내고 나눌 것은 나누어서 가벼운 몸과 마음으로 남은 여생의 길을 걸어야겠다.

5

내 고장

거울처럼 맑은 물이 동에서 서로 청주 중심을 가르며 흐르는 무심천, 유유히 흐르는 물결은 바위를 만나면 몸을 사려 휘어져 나가기도 하고 넓은 모래사장을 만나면 마냥 널브러지기도 한다. 소년들이 검정고무신을 벗어들고 피라미 잡기에 시간 가는 줄 모르고 동심을 자아내던 평화로운 물결. 하늘은 높고 잔물결이 숨소리처럼 곱다. 평화로운 모습이 내면에 오욕을 잠재운다.

용화사 석불의 유래

청주 무심천 변의 사창사거리 청주실내체육관, 청주 예술의 전당, 청주 고인쇄 박물관, 흥덕대교 중심에 있는 규모가 아담한 사찰 용화사에 들렀다. 연등으로 꽃물결을 이루고 각 전각에는 불공에 참석하려는 재가 불자들로 인산인해였다.

1984년 4월 10일 보물 제985로 지정된 석조불상군을 보면 불심이 저절로 올라온다. 다섯 분의 불상과 두 분의 보살상으로 된 석불은 통견의 법의를 걸친 입상과 좌상으로 불신이 우아하고 깔끔하다. 고려 시대의 작품으로 추정되며 크기가 최저 1.4m에서 최고 5.5m에 이른다. 거대한 불상이란 점과 뛰어난 기량을 보여주고 있어 고려 불상으로 높이 평가되고 있다.

월탄스님 법문으로는 석불이 있던 절 이름과 창건 시기는 알 수 없다고 하셨다. 1993년 전신주를 매설하다 발견된 바라, 종, 남아 있는 초석 석탑 등으로 미루어 신라말에서 고려 시대 있었던 큰 절로 추정된다고 하셨다. 인연이 도래되어 현재의 용화사 고종 광무 6년(1902)에 세워졌으며 광무 5년 엄비의 꿈에 청주에서 7분의 석불이 집을 지어 달라고 선몽하여 조사해보니 무심천 변에 방치되어 있던 석불을 발견하여 절을 세우고 석불을 모셨다는 유례가 있다고 한다.

당시 군수인 이희복 군수님이 상당산성 내에 있는 보국사를 헐어 절을 세웠다고 한다. 미륵불이 부처가 된 장소인 용화수의 이름을 써서 용화사라 하였다고 하니 미래의 미륵 세계를 보는 듯하다.

창건 당시 사찰의 규모는 미륵전 15칸, 산신각 칠성각 3칸, 설교 전 15칸, 대중요사 15칸, 행랑 4칸의 비교적 큰 규모가 6·25 때 전소되어 1972년 시멘트 건물로 사찰을 건립하였다가, 1995년에 석조 불상군 보호를 위해 미륵 보전을 크게 신축하였고, 2008년에 극락보전을 지어 네 분의 작은 불상을 따로 옮겨 모신 유래 있는 사찰이다.

지금은 시내 중심에 있는 절로 포교 사찰로 더 유명하다. 용화 불교대학은 불교에 기초를 교육하며 사찰에서의 지켜야 하는 예절 교육도 한다. 초발심 자격문은 재가 불자뿐만 아니라 스님이 되기 전 행자 때 배우는 불서이기도 하다. 재가불자들도 부처님 법을 배우면서 하심하는 마음과 깨달음의 공부에 매진한다. 누구나 깨달으면 10지의 경계에 오르고 보살이 될 수 있다. 법문을 듣고 미륵 보전에 들러 예를 올리고 불국토가 되어 평화로운 세상이 되기를 발원하며 연등을 올렸다.

마스크를 쓰고 봉사하는 보살님들과 처사님들 눈가에 웃음이 가득하다. 마스크를 써 숨쉬기도 불편할 텐데 얼굴이 부처를 닮아가니 눈에서 따스함이 느껴진다. 절 마당으로 나오니 미호천 바람이 시원하다. 가로수 양옆으로 만월등이 걸려 바람에 일렁거린다. 둥근 모습이 달을 닮아 만월등이라 한다. 모든 소원이 만월처럼 원만하게 이루어지기를 바라는 마음이 담긴 것 같다. 점안식이 시작되면 등에 불이 켜지고 화려한 만월등과 연등이 물에 어리면 물고기들도 잠에서 깨, 함께 연등놀이를 할 것 같다.

노보살님께 마스크를 드리고 있는 낯익은 얼굴이 있다. 자세히 보니 한범덕 시장님이다. 시장님이야말로 진정한 보살이다. 행정을 보기에도 시간이 부족할 텐데 시민들의 어려움을 살피고 해결하려고 노력하시는 모습에서 위안을 얻는다. 목례를 하고 자리를 뜨면서 생각에 잠겼다. 내년이면 지자체장들의 선거가 있다. 당을 보고 찍지 말고 사람을 보고 찍으면 좋겠다.

인연 따라 믿는 종교는 다르지만, 종교가 있으면 좋을 것 같다. 믿음이 없는 사람보다는 믿고 의지하는 분이 있다는 것은 살면서 어렵고 답답한 일이 있을 때 기도하며 풀어낼 수 있고 지혜가 생겨 어려움을 이겨 나아갈 힘이 생기기 때문이다.

　종교가 달라도 우리는 한민족이며 아무리 지식이 있다고 해도 우리는 사대성인에 미치지 못한다. 사대성인 중 한 분을 믿고 따르는 것이니 우리는 종교에도 중도였으면 좋겠다.

　부처님 오신 날이 다가오고 있다. 사람과 사람 사이의 거리 간격도 지키고 마스크를 생활화했으면 좋겠다. 봉당을 내려오며 속히 역병이 지나가길 부처님께 간절한 마음으로 발원했다.

상당산성에서 역사와 자연을 배우다

　진달래가 예쁘게 수놓은 성곽 둘레길을 따라 걷기 좋은 산성은 대전에서 가까워 데이트 코스로도 손색이 없다. 근처에는 자녀들과 물을 가르며 오리배를 탈 수도 있고 산책도 할 수 있는 명암 저수지가 있다. 수암골을 연계해 계획을 세운다면 후회하지 않는 코스가 될 것이다. 성곽 산책로에는 화장실이 없는 게 단점이긴 하지만 오래된 성곽을 보호해야 하니 이만한 불편쯤은 기꺼이 감수할 수 있다. 대신 입구 주차장에 화장실이 준비되어 있고, 남문 매점에서 생수를 사며 화장실을 이용하거나 주변 식당에서 식사하며 해결하는 것도 한 방법일 것이다.

　상당산성은 사적 212호로 1970년 10월 1일에 지정되었다. 상당산성은 백제의 '상당현'에서 유래된 것으로 알려져 있다.

둘레가 4.2km, 높이 3~4m, 내부면적 727.273㎡(220,000평)의 거대한 포곡식 석축으로 이루어져 있다. 성은 언제 쌓았는지는 알 수 없으나『삼국사기』에 김유신의 셋째 아들 원정공이 서원술성을 쌓았다는 기록이 있고,『상당산성 고금사적기』에는 김유신의 아버지인 김서현 장군이 쌓았다는 기록도 있다.『신증동국여지승람』 청주목지고족조(고 상당성)에 율봉역의 뒤에 있고 석축 둘레가 7,773척(R2600m 정도)인데 성 안에 큰 연못이 있었다는 기록도 있다.

지금의 상당산성은 임진왜란 중인 선조 29년(1596)에 수리한 이후 숙종 42년(1716)에서 45년까지 충청도 병마절도사 유성추의 감독으로 성벽을 대대적으로 쌓았고, 이듬해 성내에 구룡사와 남악사의 2개의 절과 암문이 마련되었는데 이것이 성문 무사석으로 기록에 남아 있다. 그 후 여러 번의 수리가 이루어져 성내의 여러 시설인 관아사, 군기고, 수구, 장대, 포루 등이 완성되었다고 한다. 현재 상당산성에는 동문(진동문), 서문(미호문), 남문(공남문)의 3개의 문과 동암문, 남암문의 2개의 암문, 치성 3개소, 수구 3개소가 있다.

1977년부터 1978년까지 정비공사로 동·남문루와 서문을 다시 세웠고 1992년 말에는 동장대도 재건되었다. 또한, 1995년도의 발굴조사로 서장대의 규모(15평)와 위치가 확인되었으며 2014년 서장대가 복원되었다고 한다.

현재의 저수지는 본래의 수문이 홍수로 없어진 후 1943년에 만든 것이라고 한다. 현재 정비사업 계획에 의해 상당산성 옛 모습을 찾는 사업이 추진 중에 있다고 한다.

상당산성은 벚꽃길로도 유명하다. 무심천에 벚꽃이 질 무렵이면, 우암산 순환도로 양쪽으로 벚꽃이 펼쳐진다. 바람에 꽃잎이 나는 모습을 보면 하얀 나비 떼가 나들나들 춤추며 내려앉는 듯하다. 초야의 신부처럼 가슴이 설레는 모습이다.

상당산성 둘레길을 산책하며 상당산성 역사를 배워가는 것 역시 시민의 깨어있는 의식이 아닐까. 산성의 유래에 대해 되짚어 보며 벚꽃길을 걸으면, 청춘으로 잠시나마 돌아가는 듯하다. 넓은 주차장과 편의시설, 커피 전문점과 식당가, 역사와 문화를 한나절이면 배우며 즐길 수 있는 산성 가까이에 살고 있으니 커다란 축복을 받은 삶 같다.

역사와 자연과 사람이 함께 숨 쉬는 공간이 여기 상당산성에 있다. 보은, 진천, 증평, 괴산, 오창, 세종, 대전에서 한 시간 거리이니 봄나들이 겸 상당산성으로 가족과 함께 연인과 둘이서 여행하며 추억을 쌓아보는 것은 어떨까. 조상들은 자손에게 배울 것과 볼 것을 물려 주셨는데, 현시대에 사는 우리는 어떤 문화를 꽃피워 남겨줄 것인가도 고민해봐야 할 문제인 것 같다. 개인의 능력은 한계가 있으니 우리 모두 아이디어를 내어 더 발전된 청주시의 모습으로 변화하길 바라본다.

우리는 자연과 더불어 살아가면서 자연을 닮은 몸을 만들어 건강하고 행복하게 살아가야 한다. 상당산성에서 생각의 깊이를 더하며 옛 문화와 현대 문화를 적절히 조화된 미래를 기약해 본다.

흥덕사지와 금속활자의 만남

 흥덕사지로 놀러나 가볼까 하고 천천히 길을 나섰다. 잿빛 하늘에 따스한 기운이 돌고 대지는 긴 터널을 빠져나와 연둣빛 촉을 틔운다. 버드나무는 푸른색을 입고 봄이 왔다고 우리에게 손짓한다.
 흥덕사지에는 도민백일장 현수막이 걸려있고 시제는 '인연'이었다. 한번 참석해볼까? 흥덕사지와 고인쇄박물관이 나란히 야트막한 동산에 자리 잡고 앉았다. 따스한 기운이 봄 햇살처럼 밝게 다가온다. 봄 아지랑이가 몸 안에서 흥겹게 춤을 춘다.
 원고지를 받아들고 흥덕사지 보도블록에 자리를 잡고 앉았다. 사람들의 움직임이 한눈에 들어왔다. 나는 무슨 인연으로 흥덕사지를 찾았다가 백일장에 참석하여 「인연」이란 시제를 가지고 글을 쓰는가? 인연이란 글 역시 물이 흐르듯 써 내려간다. 주최 측에 원고지를 내고 흥덕사지와 고인쇄박물관을 둘러보기로 했다.

청주 흥덕사지는 지정번호 사적 315호로 지정일 1986년 5월 7일이며, 소재는 직지대로 713 흥덕사지를 시작으로 청주 예술의 전당 서원구청 청주실내체육관 사직사거리에서 청주 대로를 한 축으로 연결되어 있다.

1985년 운천택지개발사업 중 많은 유물이 나와 발굴한 결과 옛 절터임이 확인되었다고 한다. 출토된 유물에는 '흥덕사'라는 글씨가 새겨진 금구조각과 청동불발 뚜껑으로 이 절터가 바로 흥덕사지라는 것을 확인하였다고 기록되어 있다. 흥덕사는 현존하는 세계 최고의 금속활자인 백운화상(초록불조직) '불조직지심체요절(이하 '직지'로 약칭함)'을 인쇄한 절이다. 직지 하권의 간기에 고려 우왕 3년(1377)에 청주 흥덕사에서 금속활자로 책을 인쇄하였음이 나타나 있다고 기록되어 있다고 한다.

발굴 결과 남북 일직 선상에 중문과 탑 금당 강당이 있고 주위에 회랑이 돌아간 단탑 가람식으로 밝혀졌다고 한다. 절은 언제 세웠는지 정확한 연대와 규모는 알 수 없으나 대중 3년이라 쓰인 기와가 나와 신라 문성왕 11년(849)에 이미 이곳에 불사가 이루어지고 있었음을 알 수 있다.

발굴 후 사적 제315호로 지정되어 1987년부터 1991년까지 5개년에 걸쳐 40,992㎡(12,400평)의 부지 위에 우리나라 인쇄문화의 발달과정을 살필 수 있는 고인쇄박물관 금당의 3층석탑을 복원하고 1992년 3월 17일 개관하였다.

청주 고인쇄박물관은 상설전시실 5개, 기획전시실 1개이며 세미나실, 영상실, 주차장이 갖추어져 있고 고서, 인쇄기구, 흥덕사 출토유물 등 총 2,000여 점의 유물을 소장하고 있다.

고인쇄박물관에서 축조과정도 둘러보고 백운화상을 떠올려보았다. 백운화상은 덕이 높은 스님으로 그 가르침을 엮은 책으로 『불조직직지심체요절』이라는 본래 제목을 편의상 '직지'라고 부른다고 되었다. 스승의 가르침을 오래 간직하고 널리 전하기 위해 연화문인, 석찬, 달잠이라는 스님과 묘덕이라는 비구니가 시주하여 만들어진 책이 지금까지 전해오는 '직지'라고 하였다.

흙 속에 묻혀있던 우리의 소중한 문화유산인 금속활자가 박병선 박사의 공로로 세상 밖으로 나오게 되었다. 한국 사람이 프랑스 국립도서관에서 근무하는 게 인연이 되어 흥덕사지와 금속 활자가 세상에 알려질 수 있었다는 것을 생각해보면 인연은 반드시 도래하는 것만 같다. 그러니 우리는 살면서 되도록 악연은 짓지 말고 선연을 지어가야 할 것이다.

우리 선조들의 목판 인쇄술과 가장 오래된 금속활자 인쇄술은 청주의 또 다른 자랑거리이다. 청주시에서는 2000년부터 직지를 세계에 알리며 2001년 유네스코 세계기록유산에 직지를 등재함으로 세계적인 가치를 인정받게 되었다. 매년 직지 페스티벌을 개최하여 세계 문화유산을 널리 알리는 데 이바지하고 있다.

봄을 만나기 위해 가을과 겨울을 보내듯 흥덕사지와 금속활자를 보기 위해 이곳으로 발걸음을 옮겼나 보다. 봄볕 따라 놀러 온 곳에서 옛 문화유산을 돌아보며 몇 생의 인연으로 발걸음이 와닿았을까. 생각을 쉬어본다.

청주의 자랑 무심천

거울처럼 맑은 물이 동에서 서로 청주 중심을 가르며 흐르는 무심천, 유유히 흐르는 물결은 바위를 만나면 몸을 사려 휘어져 나가기도 하고 넓은 모래사장을 만나면 마냥 널브러지기도 한다. 소년들이 검정고무신을 벗어들고 피라미 잡기에 시간 가는 줄 모르고 동심을 자아내던 평화로운 물결. 하늘은 높고 잔물결이 숨소리처럼 곱다. 평화로운 모습이 내면에 오욕을 잠재운다.

몇 년 전만 해도 홍수로 제방 둑이 넘쳐 남주동과 석교동 일대까지 큰 피해를 줬었다. 대청댐이 만들어지면서 일대 홍수피해를 보던 상인들은 홍수 걱정 없이 생업에 종사할 수 있게 되었다. 근래 들어서는 바닥에 쌓인 흙을 양옆으로 거둬내고 하상도로를 개설하여 시내로 진입하는 차들과 외곽으로 가는 차들을 분산시켜 원활한 교통망을 구축하였다.

낭성면 머구니 고개를 시작으로 가덕면 한계리, 내암리 일대에서 시작한 물줄기는 청주 중심지를 통과하여 미호천과 합류하고 금강을 거쳐 서해에 이른다고 한다. 청주 시민들의 넉넉한 마음과 정이 이곳에서부터 시작되었나 보다.

봄이면 노란 개나리꽃이 무심천에 피어 황금물결을 이루어 그 아름다움에 가던 길을 멈추게 된다. 어린 딸과 손잡고 걸었던 추억을 상기시키며 천천히 걸었다. 노란 원피스를 입고 개나리꽃 속에 서 있는 딸아이는 나뭇가지에 걸린 달님처럼 얼굴만 동동 떠 있었다. 그 당시에는 지금처럼 복잡하지 않았고 한가로웠다.

개나리 꽃잎이 지기 시작하면 벚꽃이 봉오리를 매달고 싱그러움을 뽐낸다. 무심천을 끼고 양쪽 제방 둑에는 봉오리를 열어 꽃들이 잔치한다. 봉곳한 벚꽃 봉오리가 사나흘 후면 활짝 열리겠다. 천변을 가랑비와 봄바람이 함께 지나간다. 피기도 전인 봉우리가 떨어질까 조바심이 인다.

마음을 쉬고 육체의 피로를 풀기 위해 사람들과 2m 간격을 띄우며 천변을 천천히 걸었다. 작년부터 역병이 창궐한 탓에 무심천 풍경도 달라졌다. 가끔 눈만 반짝거리고 마스크로 얼굴을 가린 사람들과 눈인사라도 나누며 지나가면 좋으련만 서로를 피하며 걷는다.

일상을 잠시 내려놓고 부모님을 모시고 나온 효자, 효부도 있고 정답게 손을 잡고 데이트를 하는 젊은 연인도 있다. 등이 굽은 할아버지가 할머니를 태운 휠체어를 밀고 있다. 핏기없는 얼굴, 풀어진 눈으로 벚꽃을 올려다본다. 부부의 연이 무엇인가? 혼자 몸도 가누기 힘들어 보이는데도 꽃구경을 시켜주는 부부애에 가슴이 뭉클하다. 할머니는 덜덜 떨리는 손을 내밀어 떨어지는 꽃잎을 받는다. 속히 쾌차하셔서 나란히 손잡고 걷는 모습을 상상해본다.

2년 전만 해도 생기가 넘쳐나던 무심천의 풍경이 지금은 많이 변해 있다. 차들이 긴 꼬리를 물었다. 차창을 통해 벚꽃 구경을 하는 시민들이다. 얼마나 답답한 일상인가. 마스크가 필수인 시간을 살고 있다. 숨통을 열고 싶어서 밖으로 나온 사람들이다.

청주시 공무원들이 노란색 상의를 입고 거리 두기 캠페인을 하고 있다. 시민들 모두가 질병관리본부의 지침을 따라 주면 좋겠다. 휴일도 반납하고 봉사하는 수고로움을 덜어줄 수 있었을 텐데…. 아쉬울 따름이다.

봄이면 온통 무심천 벚꽃 잔치가 벌어지고, 가을이면 길길이 우거진 은머리 갈대밭에서 삶을 돌아보기도 한다.

봄꽃에 취한 날 어제인 듯 삼삼한데, 오늘날 갈대꽃 머리에 이고 있네….

6

사유와 고찰

흙길에는 나눔과 온기가 있다. 산길에서 목이 마르면 다래나무를 잘라 목을 축이고 다래 덩굴로 묶어두어 다른 사람이 쉽게 먹고 갈 수 있도록 했다. 열기 오르는 아스팔트 길에서 만나는 사람들은 물 한 모금조차 나누지 않는 것이 길 없는 사막 같은 생각이 든다.

화합의 해

 누런 소들이 정겹게 느껴졌던 유년 시절 풍경이 눈 앞에 펼쳐진다. 엄마 소와 송아지가 앞서거니 뒤서거니 느린 걸음으로 터벅터벅 걸어도 탓하는 자가 없다. 송아지는 무슨 호기심이 그리도 많은지 해찰을 부리다 엄마 소와 거리가 멀어지니 음매~에 애타게 엄마 소를 부른다. 엄마 소는 가던 길을 멈추고 어서 오라는 듯 하늘을 올려다보며 음매~에 큰소리로 화답하고 기다렸다.
 올해는 신축년이다. 2021년은 역병으로 온 국민이 우울감에 빠지고 삶에 지쳐 있는데 정치인들은 자기들의 사욕을 거는 일들 때문에 온 나라가 피로감에 몸살을 했다. 신축년 새해, 우리 모든 국민이 소를 닮아 가는 한 해가 되었으면 좋겠다.
 신년 첫날부터 소처럼 우직하고 정직한 모습을 닮아간다면

서로 신뢰하며 살기 좋은 대한민국이 되지 않을까? 송아지에게 믿음을 주고 기다려주면 송아지는 어른 소가 되어 가정 경제와 나라 발전에 이바지할 수 있는 기둥이 되지 않을까? 노론 소론 그만하고 이제 상생하며 오직 국민을 위해 일을 해주었으면 좋겠다.

수레의 이치를 아는가? 바퀴가 수평을 유지할 때 잘 굴러가지만, 비대칭이 되면 한 방향으로 돌다가 이탈하고 만다. 정부는 네 개의 위를 가진 소처럼 되새김질하며 국민을 위해 준비하는 정부가 되어 국민에게 행복을 선물해 주면 좋겠다.

지천으로 널린 돌도 모양에 따라 쓰임새가 달라진다. 우리가 뽑은 국회의원도 직분의 역량에 따라 일을 잘했다고 칭찬받는 한 해가 되었으면 하는 바람이다.

옛날 대갓집 앞에는 큰 돌이 놓여 있었다. 이를 노둣돌 또는 하마석이라고도 하여 대문 앞에 설치하여 놓고 말이나 가마 위에서 내릴 때 디딤돌로 사용하였다. 지금 노둣돌을 사용하는 자는 누구인가? 목에 깁스한 아빠찬스, 엄마찬스를 쓰는 자들로 사회악이 되고 있다. 노둣돌을 사용하는 자들은 좀 더 겸손과 양심을 가지고 살아야 한다.

국민은 시퍼런 눈을 뜨고 정치권에서 하는 일을 지켜보고 있다. 마을의 냇가에는 마을과 마음을 교류하는 징검다리가 놓여 있다. 징검다리는 상대편을 배려하며 기다릴 줄 아는 미덕을 배우는 이런 곳에 위정자들을 초대하고 싶다. 배려하는 법을 터득하는 장소로 진천 농다리를 추천한다.

　농다리는 문백면 구곡리 굴티마을 앞을 흐르는 세금천에 놓인 다리로 아름다운 모양이 돌다리(石橋)이다. 『상산지(常山誌)』(1932)에는 '고려초기에 임장군'이 축조하였다고 전해진다고 기록되어 있다. 본래는 28수(宿)를 응용하여 28칸으로 만들어졌다. 사력암질의 붉은색 돌을 물고기 비늘처럼 쌓아 올려 교각을 만든 후, 상판석을 얹어 놓고 있다. 이 다리의 특징은 돌의 뿌리가 서로 물려지도록 쌓았으며 속을 채우는 석회물의 보충 없이 돌만으로 건쌓기 방식으로 쌓았다. 비슷한 예가 없는 특수한 구조물로 장마에도 유실되지 않고 견고하게 유지되고 있으며, 상판석의 돌은 특별히 선별하여 아름다운 무늬를 잘 보여주고 있다.

　우리는 필요한 곳에 쓸모있는 사람이 되기 위해 소로부터 배웠으면 한다. 소는 쟁기를 달고 일정하게 밭을 갈고 우마차를 끌어도 안전하게 끈다. 길마에 짐을 잔뜩 지고 내를 건널 때도 깊고 낮음을 가늠하며 질마 위에 짐이 젖지 않도록 건너간다.

　주인의 기침 소리만 들어도 선한 눈망울을 굴리던 우리집 외양간에 있던 소처럼 위정자들은 국민 여론에 귀 기울여 화합의 장이 되었으면 좋겠다. 다수에게 걸림돌이 되는 파렴치한 행동은 하지 말자. 국민을 섬기는 자세로 풍요롭고 건강한 한 해가 되면 좋겠다.

길

 손녀를 유아원에 데려다주고 느릿한 걸음으로 아파트 단지를 빠져나와 보도블록 사이로 얼굴을 내민 민들레와 눈도 맞추고 학교 담장을 감싸고 도는 덩굴장미도 보며 장구봉 둘레길을 걸어 정상에 앉았다. 아래로 보이는 2차선에는 차들이 줄지어 간다. 유년 시절의 동네 길은 구불구불하여 숨바꼭질하기 딱 좋았다. 가던 길 돌아 담 모퉁이에서 놀래주던 생각에 웃음이 터진다.
 버스가 미끄러지듯 지나간다. 버스 안에 앉아 있는 유년의 내 모습이 겹쳐진다. 신작로에 흙이 파여 나간 곳에 잔자갈을 채워놓아 그 위를 버스가 달리면 덜거덕덜거덕 널뛰기하였다. 운전 기사님이 브레이크를 밟는 날에는 책가방이 날아오기도 하고 남학생 무릎에 털썩 주저앉기도 했다.

그 시절, 그리운 신작로의 흙길은 아스팔트보다 정감이 있어 더 좋았다. 비가 오면 비를 품었다가 가뭄이 들면 내어주기도 하고 화단에 꽃을 흐드러지게 피우기도 했다. 지금은 길마다 콘크리트나 아스팔트로 포장을 하여 비가 오면 스며들지 못하고 곧장 강과 바다로 간다. 가뭄이 쉬 들고 사람들 인심도 아스팔트 길처럼 삭막하다.

흙길에는 나눔과 온기가 있다. 산길에서 목이 마르면 다래나무를 잘라 목을 축이고 다래 덩굴로 묶어두어 다른 사람이 쉽게 먹고 갈 수 있도록 했다. 열기 오르는 아스팔트 길에서 만나는 사람들은 물 한 모금조차 나누지 않는 것이 길 없는 사막 같은 생각이 든다.

앉았던 장구봉에서 일어나 하늘을 올려다보았다. 먹장구름이 체알을 친다. 천천히 비를 맞으며 걸었다. 열을 품었던 길에서 뿌연 김을 뱉어낸다. 우리가 사는 현시대처럼 혼탁해 보였다. 흙길이 파여 비가 오면 작은 도랑이 길 위에 생겨도 불편한 줄 모르고 잘박거리며 걷던 어릴 적 그 길이 그립다. 지금도 가슴 뛰게 하는 60년 전 추억이 그림자처럼 따라다닌다. 길 위에 길이 있었다는 것을 몇 사람이나 알까?

소방서 입찰을 받고 ㅇㅇ군에 자주 들렀었다. 멀지 않은 곳에 사찰이 있고 많은 환자를 치료해 준다고 감리 나온 공무원이 알려주었다. 산후풍으로 고생하던 나는 다음 날부터 침 치료를 하기로 마음먹었다. 큰길에서 1km 떨어진 곳에 사찰이 있었다. 왕래하는 차들로 길은 움푹 파여 웅덩이가 되어 있었다. 앞서 가던 승용차가 웅덩이를 피해가다가 논둑을 타고 넘어 논바닥으로 떨어졌다. 우리는 가던 길을 후진하여 큰길가로 나왔다. 레커차가 들어오고 있었다. 사람이나 다치지 않았으면 좋겠다고 바랐다.

  도착하니 발 디딜 틈 없이 많은 사람의 머리 위에는 수지침이 꽂혀 반짝거렸다. 침이 꽂혀 있는 자리들이 밤 가시처럼 보였다. 두려운 생각도 들었지만 뒤돌아 앉아 침을 맞았다. 머리를 거울 속에 비춰보니 다른 사람보다 많이 꽂혀 있다. 침 꽂힌 자리를 점검하며 침 자리도 길이 있다는 걸 알았다. 아픈 자리까지 혈이 통할 수 있는 자리에 침을 꽂아 뚫어준다는 것을.

  다음 날은 늦은 시간에 사찰에 도착했다. 스님도 한가해 보였다. 종교가 무엇이냐고 묻는다. 무교라고 했다. 도가 무엇인 것 같으냐고 물으신다. 스님들이 찾으려는 도와 사람이 걷는 길과 사람의 도리와 같은 맥락인 것 같다고 대답했다. 나는 도는 모르지만 내 마음 자리가 앞으로 나아가는 길의 나침판이라고 말했더니 웃으신다.

  출산하고 산후조리를 할 수 있는 여건이 안 되어 산후풍으로 고생을 했다. 바람만 불어도 머리가 시리다. 관절 마디로 바람이 드니 고통스럽다. 사계절 몸을 따뜻하게 하고 모자를 분신처럼 쓰고 다녔다. 소방공사로 인연이 닿아 침을 맞고 효과를 보았다.

　내가 은혜를 입었으니 해드릴 수 있는 것을 찾아보았다. 작은 사찰에서 길을 보수하는 것이 쉽지 않을 것 같아 길을 닦아주기로 마음속으로 정했다. 현장에 도착해 흙을 쏟아붓고 굴착기로 다듬고 롤러로 다졌다. 반듯하고 단단한 길이 만들어졌다.

　마음이 뿌듯했다. 불편하던 길이 마음 한번 먹으니 훌륭한 길이 되었다. 험한 산에 오르는 길은 약초꾼들이 첫걸음으로 길을 내고, 산나물 뜯는 여인들이 뒤따라가다 보면 사람과 짐승과 바람의 길이 나게 된다.

　목표가 있으면 길이 반드시 있게 마련이다. 없어 보여도 찾으면 있는 것이 길이다. 길은 따로 있는 것이 아니다. 사람들이 다니기를 원하면 거기 길이 생긴다. 우리가 걷는 길, 자동차길, 배가 가는 길(선로), 비행기 항로 모두가 질서를 지켜야 큰 사고를 막을 수 있다.

　나는 새해 소망하는 것이 있다. 6·25 남침으로 이산가족이 된 할아버지 할머니는 입대하였다가 소식이 끊긴 작은 아버님을 애타게 찾으시다 눈도 못 감고 임종하셨다. 파주시 장단면 노상리에 자리 잡은 경의선이 연결되어 이산가족이 상봉하는 철길이 되었으면 좋겠다. 반세기 넘는 세월 떨어져 지냈던 한을 풀고 웃으면서 저승길을 떠난다면 먼저 가신 선열들이 무궁화 꽃 등을 밝혀 길을 안내할 것 같다.

아름다운 어느 봄날

　봄이 무르녹아 꽃봉오리들은 그 화려한 향기와 함께 영롱한 화판을 활짝 쏟아 놓는다. 실안개 속으로 고개를 드는 우암산 야트막한 봉우리는 꿈같이 아련하다. 개나리와 벚꽃이 맞닿아 실개천 양옆으로 터널을 만들었다. 흐르는 물소리를 따라 발걸음을 옮겼다. 초등학교 운동장에서 아이들이 재잘거리는 소리가 새들의 노랫소리처럼 정답게 들린다. 벚꽃 위로는 햇살이 반짝이고 맑은 하늘은 실개천에 푸른빛을 더한다. 바람이 햇살을 밀어내고 벚꽃 주위를 맴돈다. 꽃들은 어지러운 듯 흔들리다 바람을 따라 하늘로 둥실 떠올랐다가 다시 내려와 내 어깨 위에 앉는다. 사랑하는 연인이 어깨를 감싼 듯 가슴이 설렌다.
　아파트 샛길 옆으로 노란 민들레가 모여 속살속살 우리 이야기에 끼어들었다. 우리는 봄볕과 꽃이 만발한 길 위에 이야기를 쏟아 놓는다. 감성이 뛰어난 도반은 연일 핸드폰을 눌러 예쁜 모습을 담는다. 이성적인 도반은 입가에 살풋한 미소를 지으며 걷는 모습이 깊은 사색에 빠진 듯 보였다. 살아온 인생길이 가시밭길이었던 선생님은 뒤에서 천천히 우리를 호위하며 걷는다. 나이는 숫자에 불과하다는 것을 몸소 보이는 선생님은 걸음걸이조차 활기차 보인다.

코티분 향기와 닮은 꽃내음이 친정엄마를 생각나게 한다. 화사한 봄꽃 나들잇길에 예쁜 원피스를 입고 나풀거리며 춤추던 나의 모습도 떠올린다. 살아온 길은 다르지만 우리는 모두 해질 녘에 서 있다. 위치에 따라 그림자의 방향이 다르다.

소낙비가 내리던 날의 소등 오른쪽과 왼쪽은 달랐다. 왼쪽은 비를 맞고 오른쪽은 멀쩡했었다. 나는 살면서 소낙비를 피하는 쪽에 있었으니 감사한 일이다.

꽃잎이 원을 그리며 실개천에 내려앉아 물을 따라 흘러간다. 꽃잎과 동행하며 여행을 할 수 있으면 좋겠다. 우리는 둘레길 반환점에서 여섯 명이 만났다.

척박한 돌 사이로 보랏빛이 선명한 제비꽃이 무리 지어 피었다. 감성이 풍부한 도반이 제비꽃으로 반지를 만들어 끼워 주었다. 클로버 꽃으로 팔찌를 만들고 반지를 만들어 채워주던 유년 시절 친구들이 떠오른다. 우리는 동심으로 돌아가 하하호호거렸다. 꽃반지 낀 손과 손을 포개어 하트 모양을 만들고 사진을 찍어 저장하며 우리는 행복해했다. 주름 가득한 손은 연륜이 가득했지만, 꽃반지 낀 손가락들은 소녀들이었다.
 어린 나와 할머니가 된 내가 꽃반지 속에 함께 있었다. 소녀는 할매가 되면서 다른 인격체로 변하는 게 아니고 같은 연속선상에 있다. 주름진 손이 서글퍼 보이지 않고 자랑스럽다. 가족과 직원들에게 행복을 나눠 준 손이기 때문이다.
 꽃은 열매를 맺어 종족을 번식하기 위한 초석이다. 사람들은 각기 가족을 생각하며 최선을 다해서 산다. 꽃은 열매를 숨기고 가루받이를 하기 위해 활짝 피운다. 지금은 꽃만 보이지만 꽃이 지고 나면 꽃자루 속에서 열매가 자라기 시작한다. 여름에는 파란 열매가 자라고 가을이 되면 각자의 색깔대로 익어 사람들에게 달콤한 과일을 내어준다. 과일을 내어줄 때쯤이면 나무 속에 나이테라는 주름을 몸에 새긴다. 사람들의 연륜이 만드는 주름처럼 말이다. 나무는 과일을 내주고 사람들은 과일을 먹고 종족을 퍼트려주는 매개체 역할을 한다.
 봄은 우리에게 많은 철학의 소재를 준다. 생명의 경이와 신비감을 일으키게 하는 계절이다. 산이 있고 물이 흐르고, 보리가 자라고 종달새가 노래한다. 꽃길을 걸으며 휴식 같은 시간을 보냈다. 찌든 때를 향기로 씻어내고 가슴을 신비로 채웠다.
 이제 욕심을 내려놓고 가벼운 삶이 주는 느긋한 발걸음으로 서로를 위로하며 행복이란 팝콘을 튀겨 내고 싶다.

인과

경제를 살린 박정희 전(前) 대통령과 전두환 전(前) 대통령이 운명을 달리했다.

박정희 전 대통령은 새마을운동을 통해 국민이 자발적으로 국가 발전에 동참하는 계기가 되도록 국민을 선도했다. 뿐만 아니라 수출입국에 기치를 올려 역사상 유례없는 수출 증대를 이뤄냈다. 중화학 정책을 통한 산업화의 성공은 농경사회였던 대한민국을 선진 산업 대국으로 도약시켰다. 그 당시 우리나라는 오늘날 모든 나라가 갈구하는 포용적 동반 성장을 실현했고, 세계는 이를 경이롭게 바라보며 '한강의 기적'이라 칭송했다.

불철주야 헌신적으로 일했던 대통령 내외분의 열정과 땀은 전국 곳곳에 스며들어 대한민국 발전에 톡톡한 자양분 역할을 했던 것이 엊그제 같은데 박정희 전 대통령이 서거한 지 벌써 43년이 지났다.

  79년 11월 3일 보안 사령관 겸 합동수사본부장이었던 전두환 전 대통령이 박정희 전 대통령을 총격으로 살해한 김재규와 박선호를 체포하였다. 그리고 전두환 전 대통령이 지도자를 잃고 갈지자로 걷는 대한민국을 제자리에 바로 세우기 위해 꿈에도 생각하지 않았던 대통령이란 막중한 책임을 맡게 되었다고 연희동 자택에서 술회하는 것을 본 적이 있다. 또한 80년 8월 22일 대통령 간선제 후보가 되어 민주 한국당 유치송 후보에게 폐했다면, 지금 굴욕적인 삶은 살지 않았을 텐데 하시면서 얼굴에 짙은 그림자가 드리웠다.

  전두환 전 대통령의 치적으로 손꼽을 수 있는 것은 연좌제 폐지, 경제 성장률 8%를 유지시킨 점과 살인자, 폭력배, 뺑소니, 성추행범을 인간으로 교화하는 삼청교육대를 설치하여 부녀자들과 노약자들이 마음 놓고 활동할 수 있도록 치안을 잘 다스려 준 점이다.

  전두환 전 대통령 임기 중인 88년에 치러진 88 서울 올림픽을 통해 대한민국 국민은 하나로 뭉쳤으며, 대한민국의 국격이 격상되는 계기가 되었다. 그리고 전두환 전 대통령은 7년 담임제 약속을 지키고 명예롭게 퇴진한 것은 높이 살만하다.

  전두환 전 대통령의 과라면 5·18 광주학살 사건이다. 좌익이

행한 불행한 사건이라 하더라도 그들 역시 대한민국에 사는 국민이지 않은가? 무고한 시민이 희생되었던 것에 관하여 사과를 하고 그들이 겪은 고통을 어루만져 주었어야 하지 않았나 하는 아쉬움이 있다. 5·18 희생자 가족과 전두환 전 대통령 가족들의 불편한 마음에 용서와 화해가 있기를 바란다.

전두환 전 대통령이 90세로 서거했다는 소식이 TV 자막으로 나왔다. 주어진 시간 빈 그릇은 어떻게 채우며 사셨을까? 그리고 장례는 가족장으로 치러진다고 한다. 진보다 보수다 그 옛날 당파 싸움이 재현된 듯해 안타깝다.

사회를 안정시키고 경제를 선진국 도열에 올려둔 것에 기여했다면 과보다 인이 더 많다고 본다. 사람들이 살아가면서 과보다 인이 더 많은 사람이 몇이나 될까? 정상에 오르는 동안 숱한 고통과 희생은 망각하고, 정상에 머무르는 순간이 영원할 줄 아는 그들의 머릿속을 들여다보고 싶다. 곧 다시 바닥으로 내려올 텐데 잊고 있다니 안타깝다. 물이 수평처럼 보여도 굴곡이 있다. 이것이 물이 우리에게 주는 교훈이다. 물처럼 순응하며 살아야 한다. 거슬러 올라갈 때 물은 흩어져 쓰임새가 없어진다.

방송 프로그램 중 「이만갑」이란 프로가 있다. 「이만갑」은 탈북민들의 이야기를 보여주는 프로그램으로 우리 부부는 가끔 이 프로그램을 시청할 때가 있다. 궁핍한 생활과 감시받는 불안정한 일상을 간증하듯 이야기하는 모습을 보면 우리가 민주

주의 국가에 태어난 것을 감사한다. 만약 내가 대통령이었다면, 5000만 국민의 어버이니 얼마나 힘이 들까? 1초인들 제대로 쉴 수 있었을까? 퇴임한 후 인과를 물어 교도소로 간 불행한 대통령이 네 분이나 되니 다리 뻗고 잠이나 자게 될까?

  옛 어르신들이 모든 일에는 치보다는 과가 높게 나온다고 하셨다. 요즘 전두환 전 대통령 빈소에 오는 문상객을 보며 옛 어른들 말씀이 하나도 틀린 게 없다는 생각을 한다. 정승 집 말이 죽으면 문상객이 줄을 잇고, 정승이 죽으면 온기조차 없이 썰렁하다는 소리를 전두환 전 대통령 장례식장에서 볼 수 있다. 사람이 짐승과 다른 이유는 도리를 알면서 행하기 때문이다. 이제 우리 모두 덮을 건 덮고 서로가 응원하며 화합해서 행복한 나라로 만들어 가자.

나는 노인인가 어른인가?

늘 카톡으로 안부를 물어오던 언니에게서 전화가 왔습니다.

"새해를 맞아 목소리라도 듣고 싶어 안부 차 전화했다. 손녀 지유 자라는 모습은 네 글을 통해 보는 듯하구나. 이제 너희 부부도 70살이 넘었으니 건강에 특별히 신경을 써서 우리 노인이 아닌 어른으로 살아가자. 좋은 글을 지인으로부터 받아 너에게 보내니 많은 사람과 공유하여 모두가 어른인 세상을 만들어 가면 좋을 듯하다."

노인이 많으면 사회가 병약해지지만, 어른이 많으면 사회가 윤택해집니다. 시간이 지날수록 부패하는 음식이 있고 발효하는 음식이 있듯이 사람도 나이가 들수록 노인이 되는 사람과 어른이 되는 사람이 있습니다. 노인은 나이를 날려버린 사람이지만, 어른은 나이를 먹을수록 성숙해지는 사람입니다. 노인은 머리만 커진 사람이고, 어른은 마음이 커진 사람입니다. 노인은 더 이상 배우려 하지 않지만, 어른은 어린 사람에게도 배우려 합니다. 노인은 아직도 채우려 하지만, 어른은 비우고 나눠줍니다. 노인은 나이가 들수록 자기만 알지만, 어른은 이웃을 배려합니다. 노인은 나를 밟으면 가만두지 않겠다고 하지만, 어른은 나를 밟고 올라서라 말합니다. 노인은 다른 사람과 자신을 비교하지만, 어른은 자신만의 아름다움을 찾는 사람입니다. 노인은 겉모습이 늙어가는 것에 대해 슬퍼하지만, 어른은 내면이 충만해지는 것을 즐거워합니다.

늙으면서 어르신이 되어라!

노인은 늙은 사람이고, 어르신은 존경받는 사람입니다. 노인은 몸과 마음, 세월이 가니 자연히 늙는다고 생각하는 사람이고, 어르신은 자신을 가꾸고 스스로 젊어지려 노력하는 사람입니다. 노인은 자기 생각과 고집을 버리지 못하는 사람이고, 어르신은 상대에게 이해와 아량을 베풀 줄 아는 사람입니다. 노인은 상대를 자기 기준에 맞춰 부정적으로 평가하는 사람이고, 어르신은 좋은 덕담을 해주고 긍정적으로 이해해 주는 사람입니다. 노인은 상대에게 간섭하고 잘난 체하며 지배하려는 사람이고, 어르신은 스스로 절제할 줄 알고 알아도 모른 척 겸손하며, 느긋하게 생활하는 사람입니다.

노인은 대가 없이 받기만을 좋아하는 사람이고, 어르신은 상대방에게 베풀어주기를 좋아하는 사람입니다. 노인은 고독하고 외로움을 많이 타는 사람이고, 어르신은 주변에 좋은 친구를 두고 활기차게 삶을 가꾸는 사람입니다. 노인은 이제 배울 것이 없어 자기가 최고인 양 생각하는 사람이고, 어르신은 언제나 배워야 한다고 생각하는 사람입니다. 노인은 자기가 사용했던 물건이 아까워 버리지 못하는 사람이고, 어르신은 그 물건들을 재활용할 줄 아는 지혜로운 사람입니다. 노인은 공짜를 좋아하는 사람이고, 어르신은 그 대가를 반드시 지불해야 한다고 생각하는 사람입니다.

황혼에도 열정적인 사랑을 나누었던 괴테는 노년에 관한 유명한 말을 남깁니다.

> 노인의 삶은 상실의 삶이다. 사람은 늙어가면서 다음 다섯 가지를 상실하게 된다. 건강, 돈, 일, 친구, 꿈.

살아 있는 자는 누구나 맞이하게 될 노년이 되어가면서 괴테의 말을 음미하며 살아간다면 황혼도 풍요로울 수 있습니다. 인생은 미완성입니다. 윗글을 마음에 담아 노인으로 살아왔던 삶을 어른으로 살아가기 위해 한 발을 앞으로 내딛습니다.

나이도 생각도 다른 친구

친구라고 하면 한두 살 차이나는 사람들을 떠올리는 경향이 있다. 서양 사람들은 10년 차이 나는 사람들끼리도 '베스트 프렌드'라고 한다.

나이도 같고 취향도 같은 친구의 장점은 동질감에서 오는 편안함이다. 추억도 같고 좋아하는 노래도 비슷하다. 끈끈한 동지의식도 있다. 나이 드니 여기저기 아프고 서글프다는 얘기 등 공감도 할 수 있다. 나이가 많다는 이유로 소외감을 느끼거나 자존심 상해할 필요도 없다.

반면 비슷한 사람끼리만 어울리는 단점이 있다. 근본적인 한계를 뛰어넘을 수 없다. 청소년 또래 모임이 심각한 문제에 부딪히면 효과적인 해결책을 제시할 수 없는 것과 같다. 비슷한 친구끼리의 정보는 뻔하고 사실상 필요 없는 것도 많다. 나이가 들수록 노화와 쇠퇴로 여러 문제점을 피할 수 없다. 활기차고 의욕적이던 만남이 시간이 지나면서 기운이 없고, 우울하고, 누군가 병들고 죽음을 맞이하는 등 슬퍼지는 만남으로 변한다. 이 과정에서 서로를 위로하고 아픔을 나누는 자체가 의미 있는 건 사실이다. 그러나 젊은 사람들과 만날 때 느끼는 활기와 도전 같은 것을 기대하기는 어렵다. 더 나쁜 건 나를 가장 잘 아는 친구들이 내가 추구하고자 하는 변화나 새로운 삶을 방해하는 것이다.

친구는 다양할수록 좋다. 젊은이들과 만나 세상 돌아가는 이야기도 듣고 배울 건 배워야 한다. 때로는 10년 연상인 친구들과 만나 미래에 다가올 삶에 대해 생각해 보고 '저 나이에도 저렇게 열심히 살 수 있구나.' 하며 자극받을 수 있다. 우리는 서양 사람들처럼 친구를 '나이'로 구분하기보다 흥미와 관심에 따라 '종적'으로 구분하면서 세대를 초월해 서로 유대를 강화하는 게 더 좋을 것 같다. 다양한 연령대의 친구, 나와 다른 생각, 가치, 생활 태도를 지닌 친구는 신기하고 재미있는 정보를 주고 새로운 경험의 세계로 안내한다.

나와 다른 친구를 사귀려면 다양한 프로그램에 참여해 새로운 사람을 만나는 것도 방법이다. 나이 불문하고 영화를 좋아하는 사람끼리, 기타를 즐기는 사람들끼리, 스포츠를 연마하고 싶은 사람끼리 만나 친구가 되는 것이다. 흥미와 관심에 따라 교류하고 유대를 가진다면 우리의 인생은 훨씬 풍부해질 것이다.

● 친구 사이의 금기 언어

1. 그런데 뭐

공감의 표현을 자주 한다. '아프냐? 나도 아프다.'라고 드라마 주인공처럼 말한다. 참고로 '네가 아프니 내 마음도 아프다.'의 뜻이다. '너만 아프냐? 나도 아프다.'가 아니고

2. 그냥 하던 대로 해

친구가 새로운 일을 시작한다고 할 때 '야, 이 나이에 왜 그렇게 힘들게 살려고 그래? 그냥 하던 대로 해.'라는 기죽이는 말은 곤란하다. 그럴 땐 눈을 동그랗게 뜨고 도레미파솔~의 톤으로 '와, 대단하다. 응원할게!' 말해준다.

3. 막말 절대 금지

앞으로 사는 동안 내가 한 막말은 나에게로 부메랑이 되어 돌아온다.

윗글은 호남대학교 한혜경 교수의 글이다. 살아가면서 고정관념의 틀에서 벗어나 나이도 생각도 다른 친구를 사귀는 데 도움이 되었으면 하는 바람이다.

가뭄과 홍수

가뭄으로 대지는 목말라하고 연일 30℃를 오르내리고 있다. 논바닥은 거북이 등껍질처럼 갈라지고 벼는 끝이 타들어 간다. 밭에 심긴 고추 모는 시들어가다가 잎도 고추도 땅에 떨군다. 앙상한 가지만 처량하게 바람에 흔들렸다. 가끔 들러 물을 주었으나 역부족이다. 꽈배기처럼 배배 꼬여 타들어 가는 옥수수 잎을 그냥 볼 수가 없어서 흙을 파고 호스를 연결하여 물을 주니 옥수수 뿌리들이 물을 먹는 소리가 텃밭에 흩어진다.

새벽에 일어나 텃밭에 나가보니 옥수수가 생기를 찾았다. 얼마나 목이 탔을까. 여기저기에서 양수기로 물을 퍼 올리는 모습이 애달프다. 벼 논 여기저기에 거북등처럼 갈라진 사이로 꿀꺽꿀꺽 물 넘어가는 소리가 들린다. 아이 같으면 체할까 걱정될 텐데 촉촉이 젖어 들어가는 논바닥이 풍요로워 보인다.

　이틀 전부터 비 예보가 있었다. 새색시처럼 얌전하게 내렸으면 하고 바라보았다. 30일 저녁에 쏟아지는 소낙비 소리에 잠에서 깨었다. 기쁘면서도 걱정이 되었다. 홍수로 피해가 없기를 간절히 기도하고 다시 잠자리에 들었다. 이른 새벽 재난 문자가 계속 온다. 걱정이 되어 밖을 내다보았다. 거리는 물로 이불을 덮었고 차가 지날 때마다 물보라가 요동을 친다.

　홍수 피해지역을 돌아보는 새로 당선된 시장님을 보았다. 빗물이 옷에서 뚝뚝 떨어진다. 아직 취임 전인데 시민들을 챙기는 모습이 어버이 같다. 전국적으로 인명피해와 재산피해가 속출하고 태풍 쁘라삐룬(비의 신)이 북상 중이라니 걱정이 태산이다. 주택이 잠기고, 도로가 유실되고 농경지가 수몰되고 차량 침수에 인명 피해가 잇따르는 게 안타깝다. 강한 비바람은 하늘길도 닫고 바닷길도 막았다. 피해가 발생할 수 있는 곳이 있다면 지자체에 신고하여 피해를 최소한으로 줄여야 할 때이다.

　비가 후드득 떨어지는 오늘 시 직원이 부동산에 왔다. 넘치는 하수도관을 찾기 위해 신고한 사람을 찾는다고 했다. 정확한 위치는 모충동과 사직동 경계 충북대 병원으로 가는 4차선 옆에 택지조성지 앞이라고 알려줬다. 이곳에서 사토가 내려와 하수도관을 막았다. 시에서 공기압차로 하수관을 메우고 있는 사토를 빨아내어 차 위로 올리고 다음 작업으로 로프를 허리에

묶은 인부가 하수도관으로 들어가 점검을 한 뒤 일을 마무리했다. 택지 조성사업을 하면서 조금만 주의를 하였다면 오늘 같은 번거로움과 위험은 없었을 텐데 못내 안타깝다. 신고한 지 한 시간이 채 되기 전에 공기압차가 출동하여 두 시간 만에 문제를 해결하는 신속도를 보여줬다. 시설물 관리와 안전사고 등에 주의를 기울여야 하며 피해가 나기 전 점검을 해야 한다. 신속한 피해 복구는 물론 예방에도 힘을 쓰는 시 행정에 감사함을 느낀다.

  가뭄에 타들어 가던 밭작물들은 생기를 찾아 살랑인다. 한편 농경지 유실로 수장된 곳이 있어 농민들 생각하는 마음에 가슴이 아프다. 해마다 반복되는 가뭄과 홍수피해를 줄일 수 있는 방안은 곳곳에 수조를 설치하는 게 아닐까 한다. 가뭄과 홍수를 대비함으로써 시민 모두가 행복하지 않을까 생각한다.

7

만년

가뭄에 타들어 가던 산천초목은 단비로 생기를 찾았고 짙은 흙내음이 풍요롭다. 찔레나무 하얀 꽃잎이 진 자리에는 산호처럼 붉은 열매가 까치를 기다린다. 찔레나무의 붉은 열매를 먹은 까치는 이곳저곳을 날아다니며 배설물로 찔레나무를 번식시키며 은혜를 갚는다.

가묘

 색동옷으로 갈아입기 시작한 가을 산을 보며 아들, 남편과 동해안 도로를 따라 여행하고 있다. 아들은 어려서부터 여행길에 함께했다. 동해, 맑고 깨끗함이 영혼까지 씻어준다.
 "여보, 나 죽으면 이 푸른 바다에 뿌려줘요." 바다를 보면 마음이 편안해지고 그냥 좋아서 그런 말을 한 적이 있다. 옆에서 듣고 있던 아들이 "엄마 저는 청개구리가 될래요." 했다. "돌아가시면 산소를 만들어 예쁜 동화 속 궁전처럼 내 아이들과 꽃도 심고 가꾸며 엄마를 생각할 거예요." 바다에 뿌리면 어디 가서 엄마를 만나요, 했던 아들의 나이는 11살이었다.
 강릉항에서 회를 먹고 매운탕을 끓여 먹는 맛이 일품이었다. 사랑하는 남편과 아들이 동행해서 기쁨이 배가 된 것 같았다. 낙산사에 들러 삼배를 하고 오죽헌도 둘러보고 돌아 내려오는 길 그 옛날 아들이 했던 말들이 뇌리를 스쳤다.

몇 년이 지나고 길을 나서면 산에 있는 산소들이 눈에 들어오기 시작했다. 앞이 훤히 트이고 잘 정리된 산소를 보면 그곳에 잠들고 싶다는 생각이 몇 년 동안 계속되었다. 임종 후 장례에 따른 경비마저도 자녀들에게 빚이 되고 싶지 않았다.

수의도 가묘도 맘에 들게 살아 있을 때 해야겠다고 결심했다. 강원도 삼척시에 대마를 길러 삼베를 짜는 분의 소개로 남편과 도반 두 명과 함께 삼베를 사러 간 적이 있다. 면 전체가 대마를 기르고 있는 곳이었다. 마약 재료이기에 길옆에 난 한 포기의 대마도 함부로 뽑을 수 없었다. 면 전체가 군의 허가를 받고 삼베 원료인 대마를 심고 가꾸어 농가소득을 내었다. 그곳에서 수의를 할 삼베를 샀다.

물에 담가 풀기를 빼고 남주동에 있는 대청 포목 집에서 수의를 만들어 신문을 켜켜이 넣어 남편 것 내 것을 표시하며 상자에 담아두고 맏딸에게 알려 놓았다. 참 흐뭇하다. 임종 후 아들딸이 우왕좌왕하지 않도록 준비해둔 깨끗한 수의를 입고 본향으로 돌아가겠다는 생각을 실천했다.

막내 동서가 유방암으로 7년을 투병하다 세상을 떠나기 5일 전 형님이 동서에게 다녀오셨다. 형님이 막내 동서 산소 쓸 장소를 고민하셨다. 그때만 해도 나도 고향 산으로 묻히리라 생각했다. 우리는 같은 서열이니 동서 작업을 할 때 우리 가묘도 미리 만들어 두면 좋을 것 같다고 형님께 말씀을 드렸더니 돌아온 대답은 '좋은 산 다 망쳐놓는다.'였다.

내가 결혼하기 전 주 연료가 나무였던 때가 있다. 산이 없는 집들은 몰래 나무를 베어 땔감으로 쓰다가 상감한테 혼쭐 나는 경우가 종종 있던 때였다. 작은 아버님과 한 동네에 아버님이 사셨기 때문에 형제가 함께 땔감 조달 목적으로, 아주버님이 네 살 때 조부님께서 산을 매입하여 장손자 명의로 하셨다고 어머님이 말씀하셨다. 명의가 아주버님으로 되어 있으니 형님댁 재산으로 착각하신다.

시댁 재산엔 관심도 없고 또한 형님 심기가 불편하신 것 같아 함께 묻히고 싶지 않았다. 부동산 사장님께 마땅한 산이 있으면 소개해 달라고 부탁을 했다. 이틀 후 다섯 군데의 산을 둘러보았는데 마음에 드는 산이 마지막에 본 좌구산이었다. 우청룡 좌청룡이 뚜렷하고, 앞에는 맑은 물이 동에서 서로 흘러 합수가 되고, 조산은 장군봉, 노적봉, 문필봉이 또렷하다.

괴산경찰서장이 산의 주인인데 아드님 사업 자금을 주기 위해 매도하신단다. 위로하는 마음으로 매매가에 백만 원을 더 드리고 점심도 사드렸다.

장지관에게 가묘를 만들어 달라고 부탁했다. 3일 후 꿈을 꾸었다. 새로 만든 산소가 두 개 보였다. 하나는 시댁 산에, 하나는 우리 산에 있다. 뽀얗게 화장한 동서가 새집으로 이사를 간

단다. 깜짝 놀라 깨니 꿈이었다.

 음력 4월 6일 다니는 사찰의 초파일 상단에 올릴 과일을 고르고 있는데 장지관에게 가묘를 다 만들어 놓았다고 연락이 왔다. 10분 후, 막내 동서가 임종했다는 전화를 형님에게 받았다. 막내 동서가 하늘나라로 떠난 지 어느덧 10년, 지금도 그때 일을 생각하면 등골이 오싹하다.

 측백나무를 뒤쪽에 심고 연산홍 1500주를 좌우로 심어, 봄이면 꽃동산이 되어 벌 나비의 놀이터가 되고 지나던 길손도 잠시 쉬어간다. 훗날 아이들이 벌초를 하러 올 때, 함께 온 손자 손녀들의 멋진 놀이터가 될 것이라는 생각만으로도 흐뭇하다. 추석이 다가와 벌초를 하고 보니 더 아름답다. 마음이 심란할 때 이곳에 오면 편안해진다. 호흡지간, 숨을 들이쉬었다 내쉬지 못하면 이곳에 묻힐 텐데. 생각만으로 내려놓게 된다.
 수의, 가묘 임종 후 입고 입주할 모든 준비가 되어 있으니 4학년 어린 아들이 궁전을 꾸며 주겠다는 마음에서부터 비롯됐다. 마지막 가는 길 내 아이들에게 빚지지 않으려 다 준비했다. 양택과 음택, 스스로 만족하며 살고 사후도 빚질 것 없이 준비되었으니 금생만큼 복된 삶이 또 있으랴.

나무 닮은 우리 부부

　소개로 처음 만나 부부 연을 맺은 후 긴 세월 동안 우리는 같은 곳을 바라보며 살아왔다. 처음 뿌리내린 곳에서 사계절을 보내는 나무처럼 교육의 도시 청주에서 지금까지 살고 있다.
　아이들이 태어나면서 우리의 목적은 같았지만, 직업은 달랐다. 남편은 공무원이었고 나는 아이들 미래와 남편이 지고 가야 할 등짐을 나눠서 지기 위해 회사를 설립하였다. 간혹 삶에 회의를 느낄 때도 있었지만, 일은 적성에 맞았고 운영하는 회사는 흑자였으나 눈코 뜰 사이 없이 바쁜 일상이었다.
　아이들은 건강하게 자라니 걱정하지 않아도 되었고 그렇게 자율적으로 키우기로 했다. 자신이 한 행동에 책임을 지게 했고 정직한 인성을 가르쳤다. 학교 수업이 끝나면 오 남매는 함께 공부하고 함께 놀면서 협동심을 키워갔다.

우리 부부는 종심이 지난 나이지만 아이들에게 걱정 주지 않는 삶을 살고 있어 문학소녀 때 꿈꾸었던 글을 쓰며 제2의 새로운 삶을 향해 나아가고 있다. 아이들 역시 저희 연륜에 맞는 자리에서 삶을 충실히 살아가고 있으니 대견하다. 서로 사는 형편이 비슷하고 지식수준도 비슷하니 자주 만나 우애를 돈독히 하는 것 또한 기쁘다. 참 잘 살아왔고 고생했다고 스스로 칭찬을 한다.

어느 날엔가 입원해 있는 친구에게 들렀는데 친구가 눈물을 흘렸다. 친구의 말을 들으니, 병원비가 나오는 월말만 되면 가시방석이란다. 친구의 아이들인 남매가 서로 힘들어한단다. 자식을 가르치고 줄 줄만 알았지 노후 생각은 못 했단다. 입원 환자 대부분이 겪는 고통이라니 탄식이 절로 나온다.

아이들에게 빚을 지고 저세상으로 가고 싶지 않다. 병원에 입원하게 되었을 때 자주 문안하는 것도 원치 않는다. 한 달에 두어 번 정도 다녀가면 좋을 듯싶다. 한 자녀당 일 년에 4번 정도이니 건강하게 사는 지금보다 회수가 절반으로 줄어든 것이라 큰 부담은 없을 듯하다.

키울 때는 힘들었지만 지금 생각해보니 자녀를 많이 둔 것은 잘한 것 같다. 외동이었으면 얼마나 힘들었을까 생각하니 외동들이 불쌍하다는 생각이 든다.

우리 부부는 강 건너에 마른 눈금을 바라다보았다. 생채기처럼 길게 선을 이룬 가로금은 가뭄이 만들어 낸 흔적이다. 사랑이 늘 부족했던 유년의 내 아이들처럼 느껴진다. 아이들 가슴에 남아 있을 흉터처럼 나의 가슴에도 회한의 마른 금이 뚜렷하다.

수종이 다른 두 그루 젊은 나무가 강가에 긴 그림자를 드리우고 마주 보고 서 있다. 마로니에는 고동색 열매를 달고 짙은 녹색 잎을 흔들며 정열적으로 춤을 추고 있다. 옆으로는 느티나무가 장타원형 잎으로 살랑거리며 부채질한다. 저 나무들도 강 건너에 마른 눈금이 생길 때마다 가지에 달고 있는 잎과 꽃이 떨어질까 봐 더 깊숙이 뿌리를 내리겠지.

나는 오 남매에게 비빌 언덕을 마련해주기 위해 1인 4역을 해냈다. 청년기에는 장애물이 있으면 불도저처럼 밀고 나가 길을 만들었고, 아이들은 평탄한 그 길 위를 걸어 오늘에 이르렀다. 우리 가족은 서로 이해하며 감사와 사랑으로 살아가고 있다. 가족을 생각하며 첫 삽을 뜬 집에서 오 남매 살아가는 모습을 지켜보고 있는 요즘 서재에 앉아 자서전을 쓰며 돌아보는 시간을 가져본다.

벌초

일 년에 두 번, 조상님들을 모신 선산으로 벌초를 하러 간다. 형제들과 모여 그간 못다 한 이야기 그리고 조상님에 대한 그리움에 대한 이야기를 물살처럼 쏟아낸다. 삼 형제 중 막내인 할아버님 내외분만 벌초하면 된다. 한 상부 넓이는 약 20평의 좁은 면적이다. 벌타구니가 넓어 500평 정도 잡풀을 먼저 뽑고 예초기로 산소를 깎는 일이니 쉬운 일은 아니다.

몇 년 전 벌초를 하고 온 남편은 수저를 떨어뜨리고 수전증처럼 손을 떨었다. 사무실에서 결재하는 것도 볼펜을 떨어뜨려 불편하다고 했다. 병원에 갔더니 예초기를 장시간 사용하여 진동으로 인한 일시적 현상이라고 해서 안심은 되었지만 한 달을 고생을 해야 했다. 아주버님은 윗사람이라 갈퀴질만 했고 도련

님은 동생이니 구경만 하고 온종일 혼자 예초기를 돌렸다. 부아가 슬며시 났다. 어릴 적에는 큰아들이라 대우받고 막내라 사랑받고 남편은 아래위로 치었는데 아직도 왜 힘든 일을 혼자 해야 되는가.

 이듬해에는 형제들이 모이는 날보다 열흘 일찍 인부를 다섯 명 데리고 가서 깔끔하게 벌초를 해 두었다. 벌초하러 가자고 형님으로부터 연락이 왔다. 작년에 고생한 이야기를 하면서 벌초를 다해 놓았으니 그냥 다녀오시라고 했다. 수고했다고 칭찬할 줄 알았는데 형제끼리 모여서 하면 되는 것을 먼저 했다고 싫은 소리를 한다. 다음 해부터는 남편을 제외해 달라며 직장에서와 일상생활에서 불편했던 것을 말씀드렸다.
 우리 내외는 다음 해에 참석하지 않았다. 얼마나 고통스러웠던지 남편은 좌불안석을 하면서도 집에서 쉬었다. 그해에는 연년이 둘째이면서도 혼자 예초기를 돌리던 것을 시숙님과 서방님이 하였다. 시숙님은 늘 동생이 할 때는 힘든 줄 몰랐다가 벌초를 직접하고는 손이 떨려 숟가락을 떨어뜨리고 나서야 동생이 고생한 것을 아셨다고 했다. 남이 하는 것은 쉬워 보여도 직접 경험해봐야 힘든 것을 안다. 조상님께 도리는 아니지만, 일상생활에 지장을 초래하니 지금은 벌초 대행 전문 업체에 일을 맡긴다. 가끔 잘 다듬어진 산소에 들르면 마음이 가볍다. 일년에 두 번 벌초하던 것을 지금은 처서가 지나 한 번만 한다.

아들이 초등학교 4학년 때 동해안으로 여행을 갔었다. 맑고 푸른 물이 좋아 내가 죽고 나면 동해의 푸른 바다에 뿌려 달라고 남편에게 말했다. 이야기를 듣고 있던 아들은 자신은 청개구리가 되겠단다. 바다에 뿌리면 엄마를 보고 싶을 때 어디 가서 보느냐며 산소를 만들고 꽃동산을 만들어 제 아이하고 내가 보고 싶을 때 찾겠다고 했다.

죽은 다음에도 내 자녀들에게 짐을 지게하고 싶지 않아 가묘를 만들어 놓았다. 가묘를 볼 때마다 흐뭇하기 이를 데 없지만, 유명을 달리하면 지수화풍으로 돌아가는데 화장이면 어떻고, 매장이면 어떤가. 살아생전 자손으로부터 효도 받는 부모가 될 때 잘 살아낸 부모가 아닌가 생각해 본다.

우리 부부는 조부님과 부모님이 모셔져 있는 선산에 들렀다. 깔끔하게 벌초 되어 있었다. 영혼이 있다면 잡초와 함께 어지러이 자란 잔디보다는 깔끔하게 머리 깎은 지금을 더 좋아하지 않을까 싶어 흐뭇한 마음으로 둘러보았다. 살아서도 존경받고 죽어서도 대접받는 삶이란 과연 어떻게 사는 삶일까 생각해본다. 훗날 내 자식들이 산소에 들러 좀 더 살아계셨다면 하는 안타까운 마음으로 기억되기를 욕심내어 본다.

가뭄에 타들어 가던 산천초목은 단비로 생기를 찾았고 짙은 흙내음이 풍요롭다. 찔레나무 하얀 꽃잎이 진 자리에는 산호처럼 붉은 열매가 까치를 기다린다. 찔레나무의 붉은 열매를 먹은 까치는 이곳저곳을 날아다니며 배설물로 찔레나무를 번식시키며 은혜를 갚는다. 부부로 인연을 맺은 조부님이나 부모님 그리고 우리들도 자손을 번성시키기 위해 동식물처럼 최선을 다해 살다가 이생의 인연이 다하면 양지바른 곳에 눕는다. 지구가 멸망하지 않는 이치를 되뇌며 산길을 타박타박 내려온다.

위패

 백련축제를 한다고 무안군에서 홍보하는 것을 보고 길을 떠났다. 도반 내외와 백련을 보려는 일념으로 무안을 향해 가는 마음이 즐거웠다. 무안에 도착하니 수십만 평의 연밭을 테마공원처럼 꾸며놓았다. 축제 준비가 한창이었고 백색의 연꽃 수십만 송이가 새색시처럼 예쁘게 피었다.
 한쪽에는 죽은 영혼을 위로하기 위해 위패단을 꾸며놓았다. 옆에서 보니 다들 선망부모, 남편, 아내, 자식을 위한 위패를 접수하고 있었다. 나는 선망부모나 인연 있는 영가가 아닌 살아 있는 나의 위패를 붙이려 순번을 기다렸다. 주마등처럼 살아온 모습들이 스쳐 지나간다. 내 차례다. 행효 김춘자 복위 망자신 김춘자 영가 행사장에 마련된 위패 단에 붙였다. 눈물이 주르륵 볼을 타고 흐른다.

접수하는 분이 깜짝 놀라며 잘못 적으신 것 아니예요, 묻는다. 그냥 눈물을 훔치고 씩 웃어주었다. 지금까지 살아온 삶이 이 자리에 죽은 자가 되어 영가라는 이름을 달고 한 자리를 차지하였구나, 가슴이 뻥 뚫린 듯 바람이 일었다. 내가 살아온 삶을 뒤돌아보니 한 가지 색이 아닌 수백 가지의 색과 오물을 가지고 살아왔다는 생각에 이 모든 것을 죽은 자가 되어 백련밭에 묻어버리고 싶어서였다. 앞으로 새로운 삶의 출발은 한가지 색으로 살아가자는 생각이었다.

우리 일행이 연밭을 둘러보고 다시 청주를 향해 길을 나섰을 때 뒤에서 클랙슨이 울렸다. 무슨 일인가 차문을 내리고 바라보니 행사를 주관하는 스님이었다. 앞으로 나가며 따라오라고 했다. 스님은 산길을 돌아 아담한 절 앞에서 주차했다. 우리도 그 옆에 주차하고 절 안으로 들어갔다. 봉사하는 분이 많이 있었다.

스님이 연꽃차를 내왔다. 달콤한 향기가 심신을 맑게 한다. 스님이 웃으면서 "보살님 어찌하여 산 사람이 죽은 영혼 잔치 자리에 위패를 붙이셨습니까?" 하고 묻는다. 나는 천당이나 극락에 가보지는 않았지만 맑은 마음으로 살다가 죽으면 천당이나 극락 두 곳 중에 한 곳은 갈 것 같아서라고 대답했다. 지저분하게 살다가 죽은 다음 49재를 지낸다 해도 극락 가기는 어렵지 않겠느냐고 했다. 살면서 사랑, 미움, 원망, 미련 그 모두를 떠나보낸 청청한 마음으로 있게 하기까지는 살아서 찾는 게 더 좋을 것 같다고 했다.

스님은 웃으셨다. 마음의 깊이가 깊다고 하셨다. 종교가 뭐냐고 묻는다. 모태 신앙이며 가끔 진외가 할아버지가 스님으로 계신 절에 가서 봉사도 한다고 했다. 사람도 종교도 다 인연의 소치라고 했다. 점심 공양까지 하고 일어서려니 미안한 마음이 들어 행사하는데 작은 보탬이라도 하라고 가져간 비상금을 몽땅 내놓았다.

스님은 연꽃이 그려져 있는 찻잔 세트와 달마그림을 선물로 주셨다. 우리 식구가 일곱 식구니 한 세트씩 준 것 같은데 귀한 줄 모르고 다 나눠 주었다. 달마 그림은 경찰로 있는 삼촌이 수맥이 흐른다고 해서 가져갔다. 함께 간 도반은 지금도 연꽃 찻잔 세트를 갖고 있다.

연꽃 피는 절에서 일어서며 정목일 수필 「고요」를 떠올렸다.

　어머니
　새벽마다 외시던 천수경 반야심경 금강경을 외면 어머니를 만나게 될까.
　고요를 뻗은 길을 따라가면 어머니의 모습이 보일까.
　지상에 쓰는 말을 버린 게 고요가 아닐까.
　말문을 닫아걸고 마음으로만 나누는 마음 문을 열어 놓은 게 아닐까.
　천지가 갑자기 입을 다물고 마음끼리 서로 훤히 들여다보고 있을 뿐이다.

정갈하고 고요한 삶이다.
곤궁하고 시련 겨운 세월이 많았건만 초연하고 온화하셨다.
마음속에 착함의 샘물을 지니셔서 미소를 주셨다.
깊은 가을날 산속에 구절초처럼 맑디맑은 일생이셨다.

나도 이제 백련밭에 찌든 영혼을 두고 가니 맑은 샘물처럼 살다가 위패를 올린 것이 가식이 아닌 참 나의 마음이었다고 떳떳하게 말하고 삶의 옷을 벗고 싶다.

| 김춘자의 수필세계 |

뚜렷한 주제의식과 솔직한 표현, 절제의 미학

- 『섬을 품은 바다』를 중심으로

오경자
(국제PEN한국본부 부이사장, 평론가, 수필가)

　수필은 자신의 경험 속에서 강한 울림이 있는 일을 건져 올려 그 회고와 작가의 인생관이 자연스럽게 버무려지면서 독자의 가슴에 '그래 맞아 나도 그랬어.' 하는 공감으로 번지게 했을 때 비로소 예술로 승화되는 그런 문학이다. 특별한 형식이 없다 해서 쉬운 글이고, 쉽게 쓰는 글이라고 생각하기 쉬운데 큰 오산이다. 허구로 짜이는 소설처럼 정교한 구성이 필요치 않다는 말이고 정형시 같은 것처럼 일정한 형식에 얽매이지 않는 글이라는 뜻이다.
　바꾸어 말하면 작가 자신이 오롯이 자신의 생각을 독자들에게 솔직하고 진솔하게 털어놓음으로써 그 울타리 안에 들어오도록 설득하는 그런 글이라 할 수 있다. 그것이 문학에서 얘기

하는 공감의 형성이다. 공감대가 형성되지 않으면 그 수필은 읽는 사람이 없다고 보면 된다.

이런 특성으로 수필은 어느 문학보다 주제의식이 뚜렷해야 한다. 일상의 이야기나 체험이 글감이다 보니 자칫하면 식상하기 쉽고 새로움에 대한 갈망을 채워 줄 수 없는 함정에 빠지기 쉽다. 이것을 극복하는 것은 문장력과 표현이다.

수필은 어느 장르보다도 뛰어난 문장력과 표현이 뒷받침되지 않으면 소기의 성과를 거두기 힘든 글이다. 자신의 체험과 일상의 일들에서 비롯되는 글이다 보니 그 전개가 진부하거나 어디서 많이 들어봤던 이야기같이 느껴져 신선감을 불러일으키기 어렵다. 이것을 극복하는 것은 주제를 중심으로 한 농축이다. 수필은 산문이기에 서사가 기본이지만 그 서사가 너무 자신의 감정에 갇혀 버리면 천착하게 되고 넋두리에 불과하다는 생각으로 폄하되기 일쑤이다.

주제의식이 뚜렷한 수필

수필가 김춘자는 무엇을 말할 것인가에 대한 뚜렷한 주제의식을 갖고 한 편의 수필에 몰입하는 작가이다. 그의 이번 수필집 표제작 「섬을 품은 바다」를 보자. 그는 심한 풍랑과 싸워야 하는 울릉도 독도 여행을 통해서 무엇을 말하려고 하는가? 자연 앞에 지극히 작은 인간의 존재와 독도에 대한 우리 국민의 외경심의 일단을 표현하면서 거대한 자연 섭리를 말하고 있다.

그가 정말 말하고 싶은 주제는 그 큰 섭리에 대한 감사와 순종 이련만 그런 직접적인 말 한마디도 하지 않고 그의 주제의식을 잘 살려내고 있다.

울릉도가 다가오자 '이제 살았구나' 하고 안심이 되었다. 1년 365일 가운데 독도 땅을 밟을 수 있는 날은 고작 40~50일이란다. 풍랑이 심하면 선착장에 접안하지 못하고 해상에서 마주하는 경우도 있다고 한다.

우리가 탄 배가 독도 가까이 가자 바다가 숨 고르기를 하더니 순한 양처럼 잔잔해졌다. 다행히도 접안을 할 수 있어 우리는 독도 땅을 밟았다. 독도 경비대에 줄 선물을 미리 사다가 전달하면서 가슴이 뭉클하였다. 힘들게 밟은 독도 땅, 몸은 힘들었지만, 감동은 그만큼 컸다.

(중략)

섬은 바다가 품고 섬 안에 있는 우리도 품었다. 들어올 적에는 우리를 밀어내더니 독도에서는 땅을 밟을 수 있게 허락하였다. 3대가 복을 지어야 독도 땅을 밟을 수 있다고 하더니 복을 받고 태어난 우리를 뭍으로 보내기 싫어 하룻밤 더 묵고 가라고 풍랑이 일었나 보다.

창망하기 그지없는 바다, 그 깊이도 측량을 모르는 바다는 때때로 예고 없이 무서운 풍랑을 일으키기도 한다. 큰 꿈을 가진 자, 넓은 것을 보고자 하는 자는 바다를 보라고 하였다.

새벽 3시가 되어서야 우리는 배에 탈 수 있었다. 바다는 고요하고 우리 또한 조용했다. 들어올 때는 상충하여 밀어내던 바다가 오늘은 조용히 뒤에서 밀어주니 멀미도 없이 뭍으로 돌아올 수 있었다.

-「섬을 품은 바다」 중에서

이러한 작가의 주제의식은 그의 모든 작품에 고르게 들어 있다. 자녀교육이면 자녀교육, 부부애면 부부애, 사회 구성원으로서의 자세면 자세 어느 것이 글감이 되건 그의 작품 속에는 주제의식이 중심에 잘 서 있어서 그의 수필은 수필 본령의 요체를 갖추고 있다. 독자에게 유익을 주는 문학의 중요한 덕목을 실천하고 있는 김춘자의 수필에서 독자는 깊은 공감을 얻으며 대리만족을 느끼기도 할 것이다.

사경적(寫景的) 표현으로 포괄적 정서를 담아내는 표현 기법

 김춘자의 수필은 구성도 탄탄하지만 자연스런 표현 속에 사경적(寫景的)인 표현을 보석처럼 박아놓아 독자를 즐겁게 한다. 자신의 혼인 전날 밤 눈 오는 날의 표현을 보라. 그것도 그냥 감상만 쓰는 것이 아니라 어릴 적 눈 오는 날의 추억을 불러내어 잘 섞어 짜면서 시집가는 전날 밤의 심사를 직접적 표현 없이 담아내고 있는 솜씨는 일품이다.

 대문을 들어서자 기름 냄새가 오감을 자극했다. 예식장에 참석하기 힘든 어르신들을 위해 동네잔치를 한 번 더 하기 위한 음식 장만이었다. 샤워를 하고 방에 들어갔지만 잠이 오지 않는다. 별은 치마폭으로 숨어들고 희뿌연 하늘에서 함박눈이 다시 내린다. 깊숙이 숨어 있던 그리움이 꿈틀대며 올라온다. (중략)
 대청마루에 나와 보니 일손을 도와주셨던 분들은 집으로 돌아가고 남폿불이 혼자 졸고 있다. 장독대에 가지런히 놓인 단지들은 흰 눈으로 옷을 입고 서 있었다. 눈이 소복이 쌓인 새벽에는 눈사람도 만들고 눈싸움을 하다가 시간에 쫓겨 아침을 거른 채 등교하기도 했다. 머슴이 눈을 쓸어내기 전 우리 형제들은 눈을 굴려 할아버지 할머니 아버지 어머니 눈사람을 만들어 치장하였다. (중략)

일찍 일어난 머슴은 마당에 눈이 없으니 입이 헤벌쭉 벌어지고 부모님께서는 우리 형제들이 감기 들까 걱정을 하셨다. 이 밤이 지나면 새색시가 될 처녀가 추억 보따리를 꺼내 담고 있었다. 풀어놓은 실타래로 수를 놓다 일어나니 얼굴이 탱탱 부어올랐다. 천사들이 밤사이 백설기 시루를 두고 갔다. 행랑채 처마 밑에는 수정 고드름이 음률 소리를 내었다. 눈꽃이 바람에 나비가 되어 날아다닌다. 추억 속에 머물렀던 눈꽃이 화동이 되어 새로운 보금자리로 가는 길목에 꽃가루를 뿌려 주었다.

-「눈 쌓인 이 밤이 지나면」 중에서

솔직함과 진솔함은 수필의 백미

김춘자는 수필을 대하는 자세가 솔직 그 자체이다. 글감을 어떤 것을 선택하든 자신의 성취와 실수를 솔직하게 써 내려간다. 그를 뒷받침하는 것이 진솔한 표현이다.

전기밥솥이 없던 신혼시절 새색시가 밥을 지을 줄 몰라 죽밥을 먹으면서 펼쳐가는 신혼집 풍경은 그야말로 한 장의 풍속도를 방불케 한다. 아무 말 없이 밥을 지어 놓고 짓는 법의 메모까지 해 놓고 나간 남편을 그려나가는 장면도 기가 막힌다. 칭찬이나 자랑을 수선스럽게 하는 것이 아니라 그에 대한 감사가 행간에 배어 나오게만 표현하는 절제의 미학을 발견하게 한다.

「뜸 들이기」라는 평범한 밥 짓기의 요령을 불러내서 새 며느리를 맞는 시어머니의 사랑을 잘 표현해 주고 있다.

'밥하는 게 별건가, 쌀이 익으면 먹으면 되는 거지, 어머님은 별걱정을 다 하신다.'라고 혼자 종알거렸다. 이제 밥이 다 되었겠지, 싶어서 뚜껑을 열어보니 죽이 되어 있었다. 남편은 처음 해 본 것 치고는 잘 했다고 칭찬해 주었다. 다음부터는 물 조절을 잘하면 된다고 위로했다.

우리는 설익어 설겅거리는 죽을 말 없이 먹었다. 남편이 불평도 없이 먹고 있으니, 나는 미안하기도 하고 부끄럽기도 하여 죽밥이 목에 넘어가지 않았다. 잠자리에 들었는데 체했는지 배 속에서 꾸르륵 요동을 쳤다.

다음 날 아침에 일어나니 남편이 밥상을 들고 들어온다. 고슬고슬하게 잘 지어져 있었다. 출근하는 남편을 배웅하고 설거지를 했다. 그릇을 마른 행주질하여 찬장 속에 정리하다 보니 노트가 보였다. '이게 뭐지?' 하고 들춰 보았다. 남편이 노트에 점심을 거르지 말라는 메모와 함께 밥물 붓는 양과 불 조절하는 법을 상세히 적어 둔 것이었다.

(중략)

며느리야, 늘 외롭게 성장한 아들에게 서로의 온기로 마음을 가득 채우며 살기를 바란다. 일하느라 바빠 내 손으로 더운밥도 제대로 먹여본 적 없는 아들에게 미안한 마음을 얹어 아가에게 보내 미안하구나. 나와 함께 한 시간보다 너와 살아갈 시간이 많으니 너희 둘이 서로에게 따뜻한 밥을 해서 섬기는 마음으로 대접하면 좋겠다.

쌀은 신혼이고, 물은 일상이고, 보글보글은 오순도순이고, 뜸은 평화란다.

너희의 시작은 옥토에 떨어진 씨앗이고 물은 넉넉하고 햇볕도 충분하니, 수확하는 시기를 뜸 들이는 과정이라고 생각하며 세상에서 가장 행복한 사랑이란 밭을 가꾸어 나가길 바라본다.

-「뜸 들이기」 중에서

서정으로 넘쳐나는 수필

수필에서의 서정성은 너무도 당연한 것이어서 재론할 여지가 없지만, 막상 서정이 넘치는 수필을 빚어내는 일은 그리 녹록지 않다. 김춘자는 자연을 빼고 노래할 대상이 없고 그의 자연 사랑은 그의 수필 세계의 탄탄한 기반이다. 그의 서정성은 굳이 아름다운 낱말들을 모아 놓는 데서 비롯되는 것이 아니라 진솔한 자연 사랑과 친구처럼 속삭이는 그런 소박함에서 연유한다.

소곤소곤 이야기 소리가 들린다. 가냘픈 아기 숨소리 같다. 아, 봄빛은 어머니의 품속같이 따스하다. 옥빛 파릇한 어린싹이 흙을 들어 올리는 소리다. 봄의 전령이 땅속으로부터 오는구나. 양지바른 밭둑에는 쑥이 올라와 있고 냉이도 선을 보였다. 춘래불사춘이라 하지만 어느새 마음은 꽃망울이 부풀어 올라 창문을 열고 봄바람을 맞이한다.

-「돌아온 봄빛」 중에서

이렇게 시작한 봄의 노래에서 작가는 아주 무거운 제재를 삭이고 있다. 청각장애인 집안의 어린이가 선천적으로 정상인데 후천적으로 혀가 굳어버린 것을 그냥 볼 수 없어 데려와 말문을 틔워 보내는 이야기는 가슴을 먹먹하게 한다. 그러나 작가는 자신의 미담을 부각시키는 우를 범하지 않고 진솔하게 수필을 써 내려가서 제목이 말하는 돌아온 봄빛을 독자들이 여러 가지로 해석할 수 있는 여백을 선사하고 있다.

일상 속에서 글감을 찾아 주제 형상화

김춘자는 일상 속에서 글감을 찾아 그곳에 있는 교훈을 소박하게 접근해서 심상하게 전하는 재주를 지니고 있다.

아이들 하고 풍선 찾기 놀이를 하면서 삶의 진리를 발견하고 계단 청소를 하고 오르내리면서 그 속에서 깊은 깨우침을 얻어내는 그의 일상은 천연덕스럽다.

계단을 오르내리며 계단의 고마움을 모르고 살았네요. 게으른 나에게 발판이 되어 고관절 운동과 종아리 운동을 할 수 있도록 등을 내어 줍니다. 먼지를 묻혀온 신발을 마다하지 않아요. 힘이 들면 쉬어가라며 곁을 내주기도 하지요. 오늘은 계단을 꽃단장시켜 주려 합니다. 온수를 연결하여 위에서 아래로 비로 쓸어 내려갑니다. 한 층을 하고 나니 고운 모래 때문에 비질이 되지 않아 쓰레받기로 모래를 받았네요.(중략)

내가 계단처럼 누군가에게 발판이 되었을까. 생각해 봅니다. 계단을 오르면서 한 번도 '수고하네'라고 말해 본 적이 없어요. 이제 뒤돌아볼 마음의 여유가 생기니 '계단이 있어 걷는 것이 편안했구나.' 무생물인 구조물이 생물인 나에게 불평 없이 베풀었다 생각하니 그저 감사할 따름입니다.

함께할 때 행복이 배가 되는 것처럼 나도 누군가 옆에 있을 때 행복이 배가 되기를 바라네요. 강화문을 활짝 열어 계단 물기를 말립니다. 바람과 계단과 내가 공생하니 더 윤이 나고 행복한 날입니다.

-「행복한 날」중에서

절제의 미학

김춘자는 일상 속에서 소소한 행복을 찾아내는 작가이다. 가족과 더불어 여행을 하거나 일상의 생활을 해 나가는 중에 만나는 극적인 일들도 아주 담담하게 쓰는 그의 수필은 절제의 미학이라고 할 만하다.

아들과 남편을 따라 산행을 하면서 아들이 네잎클로버를 찾아내더니 뒤이어 산삼을 발견하게 되는 극적인 이야기를 그저 무심한 척 심상하게 써 내려가는 필치는 무어라 설명해야 할는지. 그의 글 속에는 진한 가족애와 단란함의 향취가 그윽하다.

지나간 세월을 추억하는 사이 남편이 일어섰습니다. 깔고 앉았던 비닐을 걷는 순간 눈을 의심했습니다. 작은 어린싹이 예사롭지 않았습니다. 혹시 산삼, 아니면 오가피? 산삼과 오가피의 어린싹은 구분할 수 없이 똑같습니다. 호들갑을 떤다, 할까 봐 살살 흙을 걷어냈습니다. 뇌두가 보입니다. 아들이 이제 집에 가자고 합니다. ' 여기 산삼이 있어, 어서 와 봐요.' 산삼이 당신 눈에 보이면 여기 있는 풀들이 모두 산삼이겠다. '남편이 비아냥거렸습니다. 아들 보고 살살 흙을 파라고 했더니 잠자고 있던 산삼까지 나옵니다. 오늘 산행길에 얻은 네잎클로버가 행운을 안겨 준 것 같아 기쁨이 샘솟습니다. 행복은 별 것 아닌 것 같습니다. 작은 것에서 지금 우리 가족은 세상을 다 가진 것처럼 행복해하고 있습니다.

-「행복은 작은 것에서」 중에서

문학세계 깊숙한 곳에 자리한 어머니를 박을 통해 형상화

농막에 심어놓은 박이 익어가는 것을 보면서 어린 시절의 어머니를 떠올리고 그 시절의 박을 노래한다. 그 속에서 어머니의 베풂을 주제로 형상화하는 솜씨가 대단하다. 거기에 더해서 박을 어떻게 쓰겠다는 서사에서 희망과 풍요를 노래하고 있다.

우리집은 부농이었다. 동네 분들이 장리쌀을 가져가고 가을에 추수하여 갚곤 했다. 수확이 적었던 해에는 새해가 되기 전에 쌀이 떨어지는 집이 많았다. 어머니는 바가지에 쌀을 담아 광목 보자기를 덮어 어른들이 계시는 집에 할머니 몰래 전해 드렸었다. 어머니 심부름을 가다가 할머니와 마주칠 때면 놀라서 쌀이 담긴 바가지를 떨어뜨려 박살이 났었다. 쌀이 흩어져 길 위에 자갈 속에 숨어들었다. 헐떡거리며 어머니 품에 안기는 나를 보고 "할머니를 만났구나, 놀라지 않았니?" 하시면서 꼭 안아주셨다. 바가지와 빗자루를 들고 흩어진 쌀이 있는 길에 다시 돌아갔더니 누군가가 쓸어가고 없었다. 그런 날에 할머니는 어머니 저녁밥을 굶게 하셨다. 박꽃을 바라보고 있으려니 지난날이 알 수 없는 그리움으로 아련히 떠오른다.

농막에는 박덩굴과 호박 덩굴이 경쟁을 하고 있다. 호박 덩굴은 땅으로 기고 박은 소나무를 타고 오른다. 백송나무에 다섯 덩이가 달리더니 가지가 휜다. 호박 줄기보다는 박 줄기가 더 우세인 것 같다. 추석에는 박을 따서 탕국을 끓이고 조청에 박고지를 함께 졸여 박정과를 만들고 나머지는 등으로 만들어 가라앉은 마음을 박꽃처럼 환하게 밝혀볼 생각이다.

-「박」중에서

고향 사랑은 자긍심으로

문인에게 있어 고향은 그야말로 모태 같은 곳이다. 김춘자에게도 고향은 역시 삶의 근원이다. 청주 무심천의 풍경을 심상하게 묘사하고 있는 행간 속에 그의 고향에 대한 자긍심이 넘쳐난다.

일상을 잠시 내려놓고 부모님을 모시고 나온 효자, 효부도 있고 정답게 손을 잡고 데이트를 하는 젊은 연인도 있다. 등이 굽은 할아버지가 할머니를 태운 휠체어를 밀고 있다. 핏기 없는 얼굴, 풀어진 눈으로 벚꽃을 올려다본다. 부부의 연이 무엇인가? 혼자 몸도 가누기 힘들어 보이는데도 꽃구경을 시켜주는 부부애에 가슴이 뭉클하다. 할머니는 덜덜 떨리는 손을 내밀어 떨어지는 꽃잎을 받는다. 속히 쾌차하셔서 나란히 손잡고 걷는 모습을 상상해본다. (중략)
봄이면 온통 무심천 벚꽃 잔치가 벌어지고, 가을이면 길길이 우거진 은머리 갈대밭에서 삶을 돌아보기도 한다.
봄꽃에 취한 날 어제인 듯 삼삼한데 오늘날 갈대꽃 머리에 이고 있네.

-「청주의 자랑 무심천」중에서

삶과 죽음의 관조가 자유로운 사유의 작가

김춘자는 많은 것을 성취하고 살아온 사업가이기도 하다. 그런 속에서 자녀들을 훌륭하게 키워냈으면서도 항상 그들을 외롭게 남겨놓고 자신의 직업에 충실했던 일을 회한으로 삼고 있는 작가이다. 많은 것을 이루고 베풀고 하는 과정에서 역지사지는 일상이 되어서 그의 수필을 더 풍요롭게 한다.

 심지어 삶과 죽음까지도 한 손바닥 안에서 엎었다 뒤집었다 할 정도의 경지에서 관조하는 수필가이다. 그는 삶 속에서 죽음을 노래하고 죽음을 스스럼없이 필연으로 받아들이는 죽음의 미학에 이르고자 하는 작가이다.

> 접수하는 분이 깜짝 놀라며 '잘못 적으신 거 아니에요.' 묻는다. 그냥 눈물을 훔치고 씩 웃었다. 지금까지 살아온 삶이 이 자리에 죽은 자가 되어 영기리는 이름을 달고 한 자리를 차지하였구나. 가슴이 뻥 뚫린 듯 바람이 일었다. 내가 살아온 삶을 뒤돌아보니 한가지의 색과 오물을 가지고 살아왔다는 생각에 이 모든 것을 죽은 자가 되어 백련밭에 묻어버리고 싶어서였다. 앞으로 새로운 삶의 출발은 한 가지 색으로 살아가자는 생각에서였다.
> 「위패」 중에서

 이글의 시작에서 말한 수필의 정체성과 실제 쓰기의 어려움에 김춘자의 수필을 대입하면 대부분 교과서적이라 할 수 있을 정도로 정교한 수필을 쓰고 있음을 발견하게 된다. 자신의 성취를 말하되 자랑으로 보이지 않게 아주 간결하게 처리하는 표현을 잘 음미해 볼 필요가 있다.

김춘자에게 가족은 그의 삶 자체와 동일 선상에 있다. 그에게 사회는 살아볼 만한 곳이고 또 언제나 그곳의 밝음을 위해 발 벗고 나서는 대상이다. 따라서 그에 대한 비판도 추상같다. 하지만 그때도 그는 수필적으로 우회한다. 그의 글은 항상 애련한 여운을 남긴다. 추억을 불러오되 천착하지 않는 그의 작가정신을 높이 평가하며 이 글을 맺고자 한다.

코로나19로 가뜩이나 우울한 이즈음에 한여름 소나기 같은 시원한 수필집 『섬을 품은 바다』를 독자들에게 서슴없이 배달하며 일독을 권하는 바이다.

어화둥둥 내 사랑아

김춘자 작시 최현석 작곡(2021)
최현석 관현악 편곡(2022)

반짝이는 다섯 지구별 엄마 품에서
행복한 꿈을 꾸네요
어화둥둥 어화둥둥 내 사랑아

참방참방 참방참방 다섯 별이 물장구쳐요
어화둥둥 내 사랑아

뱅그르 뱅그르 천근무게로 다가오네요
어화둥둥 어화둥둥 어화둥둥 내 사랑아

하늘 위로 날아오르는 다섯 별 새벽 여네요
어화둥둥 내 사랑아

다섯 별이 지구 한 바퀴 돌고 돌아
어두움 밝히는 등대가 되었네요
어화둥둥 어화둥둥 내 사랑아

미래의 문을 여는 나라에 큰 일꾼, 내 손주들
어화둥둥 어화둥둥 내 손주들
내 사랑아 내 사랑아

어화둥둥 내 사랑아

Clarinet in B♭

어화둥둥 내 사랑아

김춘자 작시 최현석 작곡(2021)
최현석 관현악 편곡(2022)

Bassoon

어화둥둥 내 사랑아

김춘자 작시 최현석 작곡(2021)
최현석 관현악 편곡(2022)

Horn in F 1,2

어화둥둥 내 사랑아

김춘자 작시 최현석 작곡(2021)
최현석 관현악 편곡(2022)

Trombone

어화둥둥 내 사랑아

김춘자 작시 최현석 작곡(2021)
최현석 관현악 편곡(2022)

Timpani

어화둥둥 내 사랑아

김춘자 작시 최현석 작곡(2021)
최현석 관현악 편곡(2022)

Percussion

어화둥둥 내 사랑아

김춘자 작시 최현석 작곡(2021)
최현석 관현악 편곡(2022)

어화둥둥 내 사랑아

어화둥둥 내 사랑아

Violin II

김춘자 작시 최현석 작곡(2021)
최현석 관현악 편곡(2022)

Andante ♩. = 56

Viola

어화둥둥 내 사랑아

김춘자 작시 최현석 작곡(2021)
최현석 관현악 편곡(2022)

김춘자 수필집
섬을 품은 바다

2022년 6월 20일 초판 인쇄
2022년 6월 25일 초판 발행

지은이 / 김춘자
발행인 / 강병욱

발행처 / 도서출판 교음사
편집 / 隨筆文學社 出版部

03147 서울 종로구 삼일대로 457 수운회관 1308호
Tel (02) 737-7081, 739-7879(Fax)
e-mail : gyoeum@daum.net
등록 / 제2007-000052호

* 잘못된 책은 바꿔 드립니다. 값 13,000원

ISBN 978-89-7814-866-5 03810

이 책은 충청북도, 충북문화재단의 후원을 받아
문화예술육성지원사업의 일환으로 발간되었음.